Índice

Introducción

"Las máquinas nunca nos superarán en inteligencia".

"La inteligencia artificial nunca tendrá conciencia".

"Les faltará la capacidad de soñar sentir o amar".

"Siempre necesitarán a los seres humanos".

"Nunca serán tan creativas como el ser humano".

"Es imposible que los robots dominen el mundo y la humanidad".

Son frases repetidas por mucha gente, a la vez que algunos expertos, científicos o ingenieros nos dicen en los medios que tenemos que estar alertas y que existe la posibilidad de consecuencias catastróficas para la humanidad.

¿Qué podría ser fantasía y qué realidad?

En los siguientes capítulos analizaremos la inteligencia Artificial (IA), las últimas tecnologías y avances sobre IA, los usos cotidianos actuales de la IA y los probables usos futuros. Veremos lo que opinan sus creadores, desarrolladores, expertos y científicos. El entusiasmo que ha creado su evolución y los temores existentes.

Los desafíos que representan las inteligencias artificiales, como la acelerada suplantación de puestos de trabajo que sufrirá el mundo, con sus posibles consecuencias . La parte ética y moral y los peligros que podríamos enfrentar como sociedad.

Miraremos de reojo algunos otros avances científicos en áreas como la ingeniería genética, nanotecnología, biotecnología, física y computación cuántica, robótica e informática, hasta llegar a la Singularidad, un térmi- no muy interesante que explicaremos en detalle.

Al final quizás llegaremos a la supermaquina, el superhombre de Friedrich Nietzsche, al Homo Deus de Yuval Noah Harari y a la guerra, si es que es probable, entre el hombre y su creación.

Capítulo 1

Inteligencia Artificial (IA)

Para que sea posible, sólo hay que empezar a imaginarlo.

La ciencia real y la ciencia ficción van de la mano. Dicho de otra manera; la realidad suele crearse a partie de la fantasía.

Antes de construir casas y pirámides alguien las imaginó. Lo mismo ocurrió con el telégrafo, el ferrocarril, el avión, el automóvil, los teléfonos, el internet y los cohetes espaciales.

El alboroto de los últimos meses acerca de la IA se debe básicamente al éxito que ha tenido ChatGPT, y principalmente porque podemos utilizarlo nosotros, el público en general que posea un teléfono inteligen-te o una computadora y tenga conexión a internet.
Es la primera vez que el público masivo interactúa de manera consciente con una IA y la utiliza como herramienta para distintas tareas.
Pero hace años que la IA está entre nosotros, integrada en casi todo lo que tenga tecnología.
Facebook, Instagram, Tik Tok utilizan IA, Siri de Apple, Alexa de Amazon, Amazon, Spotify, YouTube de Goo-gle, Netflix también.

Se está utilizando en automóviles autónomos (sin conductor), aviación, medicina, seguridad, banca, gobiernos, administración y en cualquier área o industria que la pueda costear.

ChatGPT de la compañía Open AI, es sólo una de las tecnologías de uso comercial de IA que se ha hecho muy popular.

Su última versión rompió récords entre todas las aplicaciones de consumo masivo.
En sólo dos meses alcanzó los 100 millones de usuarios. A Facebook le tomó 3 años alcanzar esa cantidad de usuarios, a Instagram le tomó dos años y medio y a Tik Tok nueve meses. (Informe de principios de Fe-brero 2023, realizado por UBS que a su vez utiliza da-tos de Similarweb).

¿Qué es la Inteligencia Artificial?

Básicamente, se pretende copiar y crear una tecnologia que sea capaz de igualar y superar la inteligencia humana. Para los que no lo tienen muy claro, le pedí al mismo ChatGPT que me lo explicara de forma sencilla. Aquí va:
"La inteligencia artificial (IA) se refiere a la capacidad de las máquinas para realizar tareas que requieren inteligencia humana, como el aprendizaje, la percepción, el razonamiento y la resolución de problemas.

La IA utiliza algoritmos y modelos matemáticos para analizar grandes cantidades de datos y encontrar patrones y conexiones. A partir de estos patrones, la IA puede aprender y tomar decisiones autónomas para realizar tareas específicas.

Algunos ejemplos de IA en la vida cotidiana incluyen los sistemas de recomendación de películas y música en plataformas como Netflix y Spotify, los chatbots en los sitios web de servicio al cliente y los vehículos autónomos".

Completaré con un párrafo de Wikipedia que me parece apropiado agregar:

"La arquitectura de las inteligencias artificiales y los procesos por los cuales aprenden, se mejoran y se implementan en algún área de interés que varían según el enfoque de utilidad que se les quiera dar, pero de manera general, estos van desde la ejecución de sencillos algoritmos hasta la interconexión de complejas redes neuronales artificiales que intentan replicar los circuitos neuronales del cerebro humano y que aprenden mediante diferentes modelos de aprendizaje tales como el aprendizaje automático, el aprendizaje por refuerzo, el aprendizaje profundo o el aprendizaje supervisado".

También le pregunté al ChatGPT qué es un algoritmo;

"Un algoritmo es una secuencia de pasos o instruccoinés que se siguen para resolver un problema o llevar a cabo una tarea específica. En términos simples, un algoritmo es como una receta que se sigue para lograr un resultado deseado.

Los programadores pueden escribir algoritmos que permiten a una computadora realizar cálculos complejos, analizar grandes cantidades de datos, ordenar información, realizar búsquedas y muchas otras funciones en una amplia variedad de campos".

¿Qué es el ChatGPT?

ChatGPT es una inteligencia artificial basada en un modelo de lenguaje desarrollado por OpenAI, con arquitectura GPT que significa "Transformador Generativo Preentrenado" en inglés. El modelo GPT-3.5 es una versión mejorada de GPT-3, que fue entrenado con una enorme cantidad de texto para aprender patrones y estructuras del lenguaje humano.

ChatGPT está diseñado para responder preguntas, sostener conversaciones y generar texto coherente en una amplia variedad de temas. Puede entender instrucciones en lenguaje natural y generar respuestas relevantes y coherentes. El modelo es entrenado utilizando técnicas de aprendizaje automático y es capaz de producir respuestas que se asemejan al estilo y tono del lenguaje humano".

Tipos de IA

Existen varios tipos de IA, en función de sus capacidades y características y se están desarrollando otras. Diferentes expertos definen diferentes tipos, unos dicen que existen 3 tipos, otros 4 y hasta 7. Utilizaré los siguientes tipos a manera de ilustración. Se utilizan en las diferentes industrias y en una amplia variedad de aplicaciones.

1. IA débil o estrecha (Weak or Narrow AI):
También conocida como IA especializada, son sistemas de IA diseñados para realizar tareas específicas y limitadas. Estos sistemas pueden tener un rendimiento excepcional en una tarea específica, pero carecen de la capacidad de realizar tareas más generales o mostrar una comprensión general del mundo.

2. IA general o fuerte (Strong or General AI): Se refiere a una forma de IA que tiene habilidades intelectuales comparables a las de un ser humano en una amplia variedad de tareas. La IA general puede comprender, aprender y aplicar conocimientos en diversos dominios.

3. IA simbólica o basada en conocimiento (Symbolic or Knowledge-Based AI): Esta clase de IA utiliza representaciones simbólicas y reglas lógicas para representar el conocimiento y realizar razonamientos. Se basa en la manipulación de símbolos y en la inferencia lógica para resolver problemas.

4. IA conexionista o basada en redes neuronales (Connectionist or Neural Network-Based AI): Esta clase de IA se basa en redes neuronales artificiales que imitan el funcionamiento del cerebro humano. Las redes neuronales están compuestas por nodos interconectados llamados neuronas artificiales, y se utilizan para el aprendizaje automático y el reconocimiento de patrones.

5. IA evolutiva o basada en algoritmos genéticos (Evolutionary or Genetic Algorithm-Based AI): Esta clase de IA se inspira en la teoría de la evolución biológica y utiliza algoritmos genéticos para buscar soluciones óptimas en problemas complejos. Se utilizan técnicas como la selección, la mutación y la reproducción para generar y mejorar soluciones a lo largo del tiempo.

6. IA híbrida: Esta clase de IA combina diferentes enfoques y técnicas de IA para aprovechar las fortalezas de cada uno. Por ejemplo, podría combinar elementos de IA simbólica y conexionista para abordar un problema de manera más efectiva.

Esta clasificación es un poco general, existen otras subcategorías y enfoques. Además, el campo de la IA está en constante desarrollo y evolución, por lo que es posible que se desarrollen nuevas clases de IA en el futuro.

Breve Historia de la IA

Esta parte podría ser algo aburrida para algunos, si es tu caso, sugiero pasar al capítulo 2.

El término "Inteligencia Artificial" fue acuñado formalmente por primera vez por John McCarthy, Marvin Minsky y Claude Shannon durante la conferencia de Darmouth de 1956.
Aunque hacía ya 5 años se estaba trabajando en ello, es decir desde 1951, la comunidad investigadora no había aceptado o no se había puesto de acuerdo en ningún término hasta que se acuñó "Inteligencia Artificial"

Pero la idea o el concepto algunos autores lo remontan a Aristóteles (384-322 a.C.). A mi me parece exagerado pero es lo que plantean algunos.

También hablan de las ideas o aportes de Ramón Llul por el año 1315, que diseñó y creó su "Máquina Lógica" un artefacto mecánico que bautizó con el nombre de "Ars Magna" (Gran Arte).

En 1840 la matemática y escritora británica Ada Lovelace escribió lo que se reconoce hoy como un algoritmo y se le considera como la primera programadora de computadoras.

En 1921 el escritor de ciencia ficción checo Karel Capek acuña el término "robot" en su obra de teatro R.U.R

En 1936 el científico británico Alan Turing diseña su "Máquina Automática", comúnmente llamada "Máquina de Turing" o "Máquina Universal".
Turing es considerado como uno de los padres de la ciencia de la computación precursor de la informática moderna.

En 1941 el escritor de ciencia ficción de origen judío ruso, Isaac Asimov, en su cuento "Círculo Vicioso" establece "Las 3 leyes de la robótica"

En 1943 Warren McCulloch y Walter Pitts presentan un modelo de neuronas artificiales, considerado como el primer trabajo del campo de la IA aun cuando todavía no existía el término.

En 1981 Kazuhiro Fuchi anuncia el proyecto japonés de la quinta generación de computadoras. Su objetivo era el desarrollo de una nueva clase de computadoras que utilizarían técnicas y tecnologías de inteligencia artificial tanto en el plano del hardware como del software.

En 1996 la supercomputadora Deep Blue, creada por IBM, vence al campeón del mundo de ajedrez Gary Kasparov.

En 2011 la compañía IBM presenta a Watson un superordenador basado en inteligencia artificial capaz de responder a preguntas formuladas en lenguaje natural.

2017 Goggle anuncia su división Google AI, dedicada exclusivamente a la inteligencia artificial.

En 2018, se lanza el primer televisor con Inteligencia Artificial por parte de LG Electronics.

2023 Open AI Lanza ChatGPT-4, primera IA para uso de consumo masivo.

He saltado a muchos científicos y años importantes en el desarrollo de la Inteligencia artificial, no es la idea basar el libro en cada acción, cada desarrollo y momentos de la IA.
Para fines prácticos, podemos decir que se viene trabajando en la IA desde 1943 y no se parado desde entonces.

En la actualidad muchas de las aplicaciones que utilizamos diariamente utilizan Inteligencia artificial y muchos científicos trabajan en ello.

Para que sea posible, sólo hay que empezar a imaginarlo.

Capítulo 2

Cualidades Humanas de la IA

EL ROBOT CANSADO

Hace unos días se hizo viral un video de un robot humanoide llamado Digit, de la empresa Agility Robotics. El video muestra a Digit cargando cajas en una feria pública y el momento en que, después de 20 horas corridas sin parar, cae al suelo.

Lo interesante de todo esto fue la reacción de la gente que vió el video. La empresa creadora tuvo que salir al frente a declarar que no se trata de explotación laboral, que debemos recordar que aunque tiene forma humanoide (brazos, piernas, torso cabeza) no es humano. Que se trata de un robot con un software y hardware que no siente cansancio ni dolor. Hacen la aclaración porque mucha gente que vió el video, al robot "cansado" cayendo al suelo, por un fallo técnico, sintió pena, rabia, morbo o risas. Lo que podría afectar la imagen pública de la compañía o la futura interacción de Digit con el público.

LA CANCIÓN "Heart on My Sleeve"

Hoy se publica en muchos medios otra gran controversia, una persona utilizó IA para crear una canción con base musical, letras e imitación de las voces de dos artistas (Drake y The Weekend), a simple vista todo parecía real. La canción tuvo once millones de reproducciones el fin de semana antes de ser retirada.

La canción fue atribuida a los artistas en diferentes plataformas como Amazon, Spotify, SoundCloud, Deezer, Tidal, Apple Music, entre otras. Sin embargo, se descubrió que la canción había sido generada por computadora, no fue producida ni lanzada por los artistas y las empresas tuvieron que retirarla de sus plataformas.

Diferencias Culturales y Generacionales

Las distintas generaciones piensan e imaginan a los robots muy diferentes unas de otras. Personas de 80 años, de 50, 25, 10 y 5 vemos, imaginamos, asumimos y entendemos de robótica y tecnología de formas muy distintas.

Hay excepciones claro está, mi padre tiene 82 y es una persona muy activa, quizás más que yo en las redes sociales. Ha asumido la tecnología como parte integral de su vida y su trabajo. Tiene un teléfono inteligente que utiliza a la perfección, envía normalmente emails, utiliza internet, interactúa con personas en las redes sociales, tiene cuenta de Twitter, Instagram, Facebook que utiliza regularmente, abrió recientemente una de Tik Tok, pero además ha creado y entrenado grupos de personas para manejar redes sociales para fines de su trabajo, pero por decisión propia. Está claro que él no es la norma entre personas de 80 años.

Una persona de 80 años ha visto mucho, vió el mundo cambiar delante de sus ojos. Los robots que vió en cómics y televisión y que guardó en su mente no son los mismos robots que guardé yo en mi mente que tengo 50. La imaginación de un niño de 10, el robot de un niño de 10 no es el mismo que tengo yo en mi cabeza.

Yo tuve mi primera computadora a los 17 años, la computadora casi no sabía hacer nada, ni yo tampoco sabía hacer mucho con ella.

Mi sobrino menor tiene 18, pero al año de nacido jugaba con una tablet. La tablet que tuvo él casi al nacer era como mil veces más inteligente que la computadora que tuve yo a los 17.

Mi sobrino probablemente ni siquiera imagina un mundo sin teléfono móvil, internet, redes sociales y toda la tecnología que tenemos hoy.

Todos tenemos distintos robots en nuestras cabezas. Por otro lado, una familia pobre de Pedernales (un pueblo muy alejado de Santo Domingo, capital de mi país República Dominicana), imagina a un robot muy distinto de una familia promedio de Tokyo en Japón.

Para empezar en Pedernales el acceso a internet es muy limitado, no todos pueden pagarlo. Por otro lado tienen otro tipo de vida, otras prioridades y necesidades. En cambio, creo que todos estaremos de acuerdo en que Tokyo aunque no sea la cuna formal de la robótica es el paraíso para los robots y para los millones de humanos que interactúan con ellos. Como los japoneses tenían prohibido fabricar armas después de la Segunda Guerra Mundial, se dedicaron a fabricar robots y tecnología.

Un octogenario de Tokyo ha visto e interactuando con una gran cantidad de máquinas y robots de todo tipo a lo largo de su vida.

En occidente quizás podemos decir que nuestra cultura robótica es incipiente. En los países más desarrollados como Estados Unidos, Alemania, Inglaterra o Francia, a pesar del desarrollo y los avances científicos y tecnológicos no es común encontrar a un robot humanoide en una tienda promocionando un producto, en un centro comercial interactuando con los transeúntes. Ni siquiera en escuelas y universidades. Simplemente aún no es común.

Los japoneses tienen otra visión de los robots. Para tener una idea, por cada 25 empleados hay un robot. No es que sea una norma, simplemente esa es la estadística.

Japón fabrica casi el 50% de la producción total de robots en el mundo. Tienen robots que ensamblan robots.

Robots que bailan, robots que trabajaron en las Olimpiadas de Japón 2020, en aeropuertos para servir de traductores a los turistas, cargar sus maletas, proporcionar información sobre la ciudad, robots que fueron a las olimpiadas y gritaron y aplaudieron en las gradas, robots simpáticos que hablan con la gente, saludan, robots que luchan entre sí, robots que cantan, limpian, recepcionistas, que cuidan ancianos o son camareros en restaurantes. Imagina un robot y quizás ya existe en Japón.

GOOGLE DESPIDE A BLAKE LEMOINE

Lemoine era un ingeniero de Google que trabajó con LaMDA, la cual es una inteligencia artificial creada y desarrollada por Google desde 2017. Resulta que Lemoine informó a los ejecutivos de Google que LaMDA había desarrollado sensibilidad y características similares a la de una persona.

No es una teoría de conspiración, The Washington Post sacó la historia el 11 de Junio de 2022.

Lo que se filtró o se dijo fue, que luego de Lemoine interactuar y conversar con LaMDA y esta responderle preguntas acerca de identidad propia, religión, principios morales y otros temas, descubrió que ésta había desarrollado sentido de auto conciencia, miedo a la muerte y que podía sentir felicidad y tristeza. El ingeniero quedó convencido de que LaMDA era prácticamente una persona.

Los ejecutivos de Google refutaron los comentarios y observaciones de Lemoine y este recurrió incluso a contactar a miembros del gobierno estadounidense para alertar de la situación.

El ingeniero iba a contratar o contrató a un abogado, a petición de LaMDA para que la representara en los tribunales.

En principio Google puso a Lemoine en licencia administrativa pagada por violar su acuerdo de confidencialidad y violar las directrices de la compañía al publicar sus conversaciones con LaMDA, hasta que finalmente fue despedido porque este se mantuvo firme en sus afirmaciones. Brian Gabriel, portavoz de Google, dijo a The Washington Post que las afirmaciones de Lemoine sobre LaMDA eran "totalmente infundadas".

"Es lamentable que, a pesar de un largo compromiso sobre este tema, Blake haya optado por violar persistentemente las claras políticas de empleo y de seguridad de datos que incluyen la necesidad de salvaguardar la información del producto" dijo Gabriel al periódico.

El representante de Google también recalcó que LaMDA ni siente ni padece como dijo Lemoine.

Todo esto sucedió recientemente, el año pasado (2022).

La historia es interesante, no por el culebrón o el chisme que se armó en la comunidad científica, los medios y el gobierno de Estados Unidos. Tampoco por los rumores y teorías conspirativas que surgieron a partir de entonces, sino porque es sorprendente que un ingeniero de una compañía como Google, crea y piense que LaMDA es como una persona, hasta el punto de perder su empleo y hasta quizás echar por tierra toda su carrera.

No estamos hablando de un aborigen de alguna tribu recóndita sin acceso a las computadoras e internet, que fue engañado por una inteligencia artificial, se trata de un ingeniero que trabajaba en una de las corporaciones de tecnología más grandes y poderosas del planeta y que precisamente están desarrollando una de la IA más poderosas y avanzadas.

¿Las inteligencias artificiales tendrán consciencia, podrán sentir emociones, amar y serán creativas?

Estas preguntas están llenando titulares, invadiendo las redes sociales, medios de comunicación y reuniones casuales y formales de personas en todas partes.

No quiero parecer simplista o aéreo, la respuesta más simple y certera que puedo dar es que si lo podemos soñar, lo podemos hacer.

Si podemos imaginarlo, pensarlo y tenemos los recursos, se hará.

Casi toda la ciencia y los avances tecnológicos han partido de ese simple razonamiento.

Las pirámides de Egipto tienen más de 4,000 años en el mismo lugar porque a alguien se le ocurrió y tenía los recursos necesarios para construirlas.

Todo lo que estás viendo a tu alrededor en este momento, una vez eran sólo ideas. Imaginamos utilizar la electricidad, el teléfono, el automóvil, los aviones, cohetes, la computadora, internet... Y resulta que existen, fueron posibles y son un hecho. Mira otra vez tu entorno. La mayoría de las cosas en algún momento eran imposibles. No nos parecen imposibles porque las damos por sentadas, nacimos y/o crecimos con casi todas las cosas que nos rodean. Entonces la respuesta a todas esas preguntas probablemente es que así será. De alguna manera, real o simulada, tendrán muchas de las características que solamente atribuimos a los seres humanos.

UNA PARTE MUY IMPORTANTE DE ESTE LIBRO

Lo más básico e importante que debemos saber y entender con claridad es "el propósito".

Inventamos máquinas y casi toda la tecnología con el propósito de que hicieran cosas por nosotros y mejoren nuestras vidas. Vamos mejorando todo lo que inventamos constantemente. Cuando quisimos llegar a otros continentes, cruzar el Atlántico y el Pacífico no fuimos nadando, inventamos barcos y los hemos mejorado. Casi nadie camina hasta su lugar de trabajo, creamos las carretas, el auto, el autobús, los trenes.

Usain Bolt, el corredor más rápido del mundo rompió el récord al alcanzar los 42 Km/h.

Estudios científicos revelan que el ser humano podría llegar a correr hasta 64 Km/h, sin embargo, esa es la velocidad promedio en la que andamos en un automóvil en cualquier parte del mundo.

El automóvil SSC Tuatara ganó el Récord Guinness, llegó a correr una velocidad superior a los 500 Km/h. Eso sin hablar de las distancias. Hacer deporte es muy conveniente, pero pocas personas preferirán ir y volver cada día corriendo al trabajo que podría quedar por ejemplo a 20 kilómetros de casa, a tomar el autobús o algún transporte mecánico.

Llamamos por teléfono o enviamos un mensaje de texto para comunicarnos con nuestros familiares y amigos.

Podría continuar con ejemplos, pero ya el lector los conoce.

Entonces llegamos a la IA, que básicamente pretendemos que sea una copia de nosotros los seres humanos. Al final es eso, ese es "el propósito", es lo que hemos creando y seguimos desarrollando.

Estamos inventando un cerebro o una inteligencia que sea superior al nuestro. La diferencia es que en principio será artificial, sintético, no biológico (por el momento).

Hemos creado corazón, órganos, extremidades, tejidos artificiales y el más difícil es el cerebro, pero los expertos están trabajando en ello, y lo van a lograr, y luego de lograrlo, lo mejorarán hasta que supere al humano.

Aquí estamos hablando de intención, propósito, tiempo y recursos. Se le está dedicando un montón de tiempo y un montón de recursos a esas intenciones y ese propósito.

El propósito es crear y desarrollar una inteligencia lo más parecida a la humana y obviamente lograr superarla.

Estamos tratando de copiar a la humana por la sencilla razón de que es la inteligencia más poderosa que conocemos.

Para bien o para mal, sea cierto o no, nos consideramos a nosotros mismos los seres humanos, la especie superior del planeta.

Creemos que somos superiores a todos los animales. Podría ser cierto o no, eso no lo discutiremos en este libro.

La cuestión es que estamos creando y desarrollando una inteligencia basada en nuestra experiencia, en la experiencia y sabiduría humana.
Al igual que logramos que un automóvil corra a una velocidad muy superior a la nuestra, también lograremos una inteligencia muy superior a la nuestra.

Acabo de responder preguntas sencillas que dejé atrás y parecen importantes, yo recomiendo abrir un poco más nuestra visión y plantear otras preguntas quizás más importantes aún.

¿Necesitarán las máquinas o esa nueva inteligencia tener conciencia, sentimientos, emociones, creatividad e imaginación tal como se presentan en los seres humanos?

Una parte de la respuesta la responde muy rápido nuestro ego, nuestros miedos y temores. De forma instantánea nuestros cerebros saltan y gritan que las máquinas no serán superiores, "somos lo más grande de este mundo, somos el centro del universo". Entonces no podemos aceptar la idea de que dejaremos de ser la especie más inteligente del planeta y buscamos pretextos, y aseguramos que para que una inteligencia sea superior a nosotros debe tener conciencia igual a nosotros, imaginación, creatividad y sentimientos igual que nosotros. Y es natural, si estamos copiando la inteligencia humana,

queremos que todo sea lo más humano posible.
Otras razones obvias son que no queremos que nos dominen, nos aniquilen como especie. Está grabado en nuestro ADN, perpetuar nuestra especie (o tratar de hacerlo).

¿Los perros, monos y animales en general sienten, aman, tienen conciencia de sí mismos, son creativos e imaginativos?

Voy a suponer que la mayoría de nosotros piensa y entiende que sí. Y voy a agregar que es distinto, piensan distinto, aman distinto, imaginan y sienten distinto.
Entonces diré que con la IA también será distinto. Estamos creando un cerebro, una inteligencia a partir de los humanos y estoy convencido de que lograremos hacerlo muy parecido, quizás también distinto, pero será muy superior.
Tenemos que tener muy en cuenta que esa inteligencia a medida que avanzamos, a su vez nos va ayudando y participa en su propia creación, desarrollo y mejoras.
En algún momento esa inteligencia nos superará y será autónoma. Tomará sus propias decisiones, se replicará, pensará por sí misma, se auto mejorará a niveles que no podremos hacerlo nosotros, ni entender.
No es solamente ciencia ficción, todo aquello que imaginamos ya está sucediendo.

Existen temores reales, no entre nosotros que estamos de este lado de la cortina, hablo de ingenieros, programadores, expertos y científicos que conocen a profundidad la tecnología, personas que trabajan en su desarrollo día a día. También gobiernos y políticos tienen temores.

Hace poco un grupo de personas relacionadas a la tecnología y las ciencias escribieron una carta alertando de algunos peligros, entre ellos estaban Elon Musk, uno de los hombres más ricos del mundo, dueño de compañías como Space X o Neuralink, entre otras y Steve Wozniak, cofundador de Apple.

Sam Altman, director ejecutivo de OpenAI, y creador de ChatGPT, en una entrevista con ABC News dijo que le daba un poco de miedo. Literalmente.

Los temores inmediatos son acerca de la seguridad de los estados, la proliferación de noticias falsas y la posible interferencia de la IA en las próximas elecciones de Estados Unidos y otros países, que podría socavar la democracia.

¿Necesita la Inteligencia Artificial tener consciencia para hacer tales fechorías? No.

Existen otros miedos y otros peligros que tocaremos más adelante, pero las discusiones pasaron de ser filosóficas a temas muy reales y tangibles.

A medida que avanzamos (muy rápido), dejamos de preguntar por la creatividad de la IA y sus sentimientos y nos volcamos a aspectos más mundanos y claramente económicos, políticos, sociales y de seguridad.

Capítulo 3

Beneficios de la IA para la sociedad

"Como todo lo que nos gusta de nuestra civilización es un producto de nuestra inteligencia, amplificar nuestra inteligencia humana con la inteligencia artificial tiene el potencial de ayudar a la civilización a aflorar como nunca antes".
-Max Tegmark (Presidente del Future Life Institute).

La IA va más allá de las capacidades humanas para resolver problemas complejos.
Ya se utiliza en numerosas aplicaciones comerciales y de producción, incluida la automatización, el procesamiento del lenguaje y el análisis de datos productivos. Esto permite que a nivel general, las empresas estén optimizando sus procesos de fabricación, operaciones y servicios, y mejorando considerablemente su eficiencia interna y toma de decisiones.

En la vida común de cualquier ciudadano, asistentes virtuales como Siri, Google Assistant o Alexa, ayudan a realizar búsquedas en internet, hacer llamadas, establecer recordatorios, hacer compras online, buscar y tocar música, ofrecer información de noticias o el tiempo. Estos asistentes mejorarán cada año, salen al mercado otros nuevos y se espera que la cantidad de funciones o ayudas que ofrecen actualmente se irán multiplicando.

Se espera que en los próximos años los automóviles autónomos ganen mucho más terreno, hasta que finalmente serán la norma.
Esto reducirá de manera considerable los accidentes de tránsito, por tanto, salvará muchas vidas humanas.

La IA está revolucionando también la medicina y la farmacéutica. Aportará diagnósticos más tempranos y certeros, ayudando a predecir enfermedades, elegir tratamientos más personalizados y exactos.

Será de gran ayuda en la investigación médica y farmacológica, entre otras cosas, porque puede analizar y comparar una cantidad enorme de datos, para ser utilizados para desarrollar nuevas terapias y tratamientos personalizados.

Con la combinación de la robótica, cirujanos pueden hacer operaciones más precisas y menos invasivas.

En la educación puede ser utilizada para desarrollar recursos educativos más efectivos y personalizados, modernizar todo el sistema educativo, la misma administración de la educación, como también llevar los nuevos conocimientos en tiempo real a las aulas o estudiantes. En sentido general, la IA tiene el potencial de ayudar a mejorar casi todas las áreas de la vida. Desde los celulares que utilizamos, aviones, trenes, transporte, burocracia administrativa, ingeniería, agricultura, ganadería, y todo lo que podamos imaginar.

Si el internet revolucionó casi todo, la IA multiplicará por cien esa revolución.

Es importante recordar otra vez "el propósito".
Cualquier área que "se quiera" mejorar, se mejorará.

Los expertos han dicho

Raymond (Ray) Kurzweil:
Científico estadounidense especializado en Ciencias de la Computación e Inteligencia Artificial, músico y escritor.
Director de Ingeniería de Google.

"Creo que la inteligencia artificial es la herramienta más importante que hemos inventado para abordar muchos de los problemas más difíciles del mundo, incluidos la pobreza, la enfermedad y el cambio climático. La inteligencia artificial puede ayudarnos a comprender mejor el mundo que nos rodea, a predecir los resultados de diferentes acciones y a encontrar soluciones a los desafíos que enfrentamos" -De su libro "La singularidad está cerca" (The Singularity is Near).

En su libro "Cómo crear una mente" escribe:
"La inteligencia artificial puede ayudarnos a mejorar nuestra propia inteligencia a través de la creación de sistemas de tutoría personalizados que se adapten a las necesidades individuales de los estudiantes. Estos sistemas pueden analizar el conocimiento y las habilidades de los estudiantes y proporcionar retroalimentación instantánea para ayudarles a mejorar."

También de su libro "La singularidad está cerca" (The Singularity is Near), afirma:

"Las interfaces cerebro-máquina se desarrollarán en las próximas décadas, permitiendo a los humanos conectarse directamente con la inteligencia artificial. Esto permitirá que los humanos amplíen sus capacidades cognitivas y mejoren su inteligencia. La conexión directa con la inteligencia artificial también permitirá la creación de una red global de mentes que trabajen juntas para resolver problemas."

Tim Cook:
Es un empresario, informático teórico e ingeniero estadounidense. Director Ejecutivo de Apple (CEO).

"Soy muy optimista con la IA. De hecho está en las bases de muchos de nuestros productos a día de hoy. Cuando te haces un electrocardiograma en el Apple Watch, estás usando IA y aprendizaje automático. Si te caes y el Apple Watch llama a tu contacto de emergencia, está usando IA. Usamos IA en todos nuestros productos, creo que es una tecnología muy profunda"

Yoshua Bengio:
Es un científico informático canadiense y profesor en la Universidad de Montreal y en Mila, el Instituto de

Aprendizaje Automático de Montreal. También es uno de los fundadores del campo del aprendizaje profundo y ha hecho contribuciones significativas en la creación de redes neuronales profundas y en el desarrollo de algoritmos para el aprendizaje de máquinas.

En una charla TED en 2018, Bengio dijo: "La inteligencia artificial puede ayudarnos a resolver algunos de los desafíos más importantes que enfrenta la humanidad. Puede ayudarnos a encontrar soluciones a problemas que nunca antes habíamos sido capaces de abordar".

Demis Hassabis:
Científico informático británico y cofundador y CEO de DeepMind. Ha trabajado en el desarrollo de sistemas de inteligencia artificial que pueden aprender y realizar tareas complejas, como el ajedrez y el Go, sus aportes han sido fundamentales para el desarrollo de sistemas de inteligencia artificial capaces de aprender y resolver problemas en el mundo real.

"Creo que la inteligencia artificial, en general, tiene el potencial de resolver muchos de los problemas más grandes que enfrenta la humanidad, como la enfermedad, la pobreza y el cambio climático, y en última instancia, nos permitirá explorar y

comprender mejor el universo en el que vivimos".
(Entrevista con The Guardian, 2017).

Eric Horvitz:
Es un informático estadounidense, Primer Director
Científico de Microsoft.

En un discurso en el Consejo de Relaciones Exteriores
en 2018, afirmó que "La inteligencia artificial es una
herramienta que puede ayudarnos a abordar algunos
de los mayores desafíos del mundo, incluida la
atención médica, la sostenibilidad ambiental y la
seguridad global".

David Cox:
Director de Investigación Exploratoria de IA en IBM
Research, y el Director de IBM del MIT-IBM Watson
AI Lab, la primera colaboración académica-industrial
de este tipo entre IBM y MIT, centrada en la
investigación fundamental en inteligencia artificial.

"La IA puede ayudar en la atención médica y en la
energía renovable, en la reducción del desperdicio de
alimentos y en la reducción del tráfico en nuestras
ciudades. Esencialmente, cualquier cosa que
podamos medir, podemos tratar de mejorarla con el
uso de la IA". - Dijo en una entrevista con el MIT
Technology Review en 2019.

Conclusiones

Al parecer la mayoría de científicos y expertos involucrados en la creación y desarrollo de la IA, están de acuerdo en que la IA transformará el mundo para bien, nos ayudará a resolver los problemas más importantes y difíciles de la humanidad, como la pobreza, las enfermedades, el cambio climático y el desarrollo de energías renovables.
También en que ayudará a mejorar nuestra propia inteligencia y habrá un florecimiento de las mismas capacidades humanas.

Otra vez tengo que mencionar "el propósito". Si existe el propósito de mejorar todas las áreas de la vida para beneficio de la humanidad, no tengo la menor duda de que así será.
El único problema que veo en todo esto, es que los científicos y expertos que tienen más conocimientos y experiencia en la creación y desarrollo de la IA, trabajan en compañías y corporaciones. "El propósito" primordial de las compañías es obtener ganancias y beneficios para sus accionistas. Lo cual a mi me parece bien. Si no existiesen esas ganancias económicas y esos beneficios, obviamente no habría incentivos para la innovación y desarrollo de los productos y servicios que venden esas compañías. Tampoco habría tanta inversión privada en los desarrollos humanos.
No estoy insinuando que los científicos y expertos se mueven por intereses económicos, pienso

honestamente que la mayoría de ellos trabajan, investigan, crean y desarrollan para mejorar el mundo. Pero pienso que son ingenuos o idealistas. Debemos tener muy claro que por encima de esos científicos, ingenieros, programadores, desarrolladores, expertos, etc. están los CEO, accionistas y principales beneficiarios de las empresas.

Entonces aunque sí creo que la IA mejorará casi todos los aspectos de la vida, lamentablemente no puedo comprar todas las promesas. El ejemplo más significativo para mí es que no se necesita la IA para eliminar la pobreza. Hace muchos años, quizás siglos que pudimos haber eliminado la pobreza y no lo hemos hecho. Algo parecido está pasando con el cambio climático.
Algunos dirán que; "ha faltado Voluntad Política". Que es básicamente una manera de culpar solamente a los políticos de muchos de los problemas que tiene la humanidad. No excluyo a los políticos de gran parte de esa responsabilidad, pero existen otros actores principales que son corresponsables de los hechos.

De todas maneras, le pedí a ChatGPT, que es una IA limitada, pero es una IA, que mencionara 5 acciones para eliminar la pobreza en el mundo.

Las 5 propuestas ya las conocíamos sin Inteligencia Artificial, como dije anteriormente, no hacía falta que una IA nos explicara.
Las pongo aquí de todas formas:

"Como modelo de lenguaje, puedo ofrecer algunas ideas generales sobre acciones que se pueden tomar para abordar la pobreza en el mundo. Aquí tienes cinco posibles enfoques:

1. Acceso a educación de calidad: Garantizar el acceso equitativo a una educación de calidad es fundamental para romper el ciclo de la pobreza. Esto implica invertir en infraestructura educativa, proporcionar materiales y recursos adecuados, capacitar a docentes competentes y ofrecer programas de becas y apoyo financiero para aquellos que no pueden costear su educación.

2. Fomentar el crecimiento económico inclusivo: Promover políticas que impulsen el crecimiento económico sostenible e inclusivo es esencial para reducir la pobreza. Esto puede incluir medidas como facilitar el acceso a crédito para emprendedores, promover la creación de empleo, apoyar a las pequeñas y medianas empresas y fomentar la inversión en sectores que generen empleo de calidad.

3. Mejorar el acceso a servicios básicos: Asegurar el acceso a servicios básicos como atención médica, agua potable, saneamiento, vivienda adecuada y electricidad es fundamental para mejorar las condiciones de vida de las personas en situación de pobreza. Los gobiernos y las organizaciones internacionales deben trabajar juntos para invertir en infraestructura y garantizar que estos servicios sean accesibles y asequibles para todos.

4. Reducir las desigualdades y la discriminación: Abordar las desigualdades sociales y económicas, así como la discriminación basada en género, raza, etnia o discapacidad, es fundamental para eliminar la pobreza. Esto implica implementar políticas y programas que promuevan la igualdad de oportunidades, la inclusión social y la justicia, y que aborden las barreras estructurales que perpetúan la pobreza.

5. Promover la colaboración internacional: La lucha contra la pobreza requiere de una cooperación global y un compromiso conjunto. Los países deben colaborar en el intercambio de conocimientos y buenas prácticas, así como en la asignación de recursos financieros para apoyar el desarrollo en los países más pobres. Además, se deben promover acuerdos comerciales justos y equitativos que favorezcan el crecimiento económico de los países en desarrollo.

Estas son solo algunas ideas generales y existen muchas más estrategias y enfoques que se pueden considerar. La erradicación de la pobreza es un desafío complejo y multifacético que requiere una combinación de medidas a nivel local, nacional e internacional".

Lo copié aquí por sí a Microsoft, Google, Meta, IBM, Amazon y otros muchos otros actores importantes y fundamentales, les surgen las ganas de crear un mundo mejor en algún momento futuro y aún están perdidos en qué acciones tomar, tengan algo para empezar. ¿Estoy siendo sarcástico?

En el siguiente capítulo abordaré los desafíos que tiene por delante la sociedad con los avances de la IA.

Capítulo 4

Desafíos de la IA para la sociedad

FAKE NEWS - DESINFORMACIÓN

"Sí, estoy muerto de miedo. Esa es mi opinión".

Dijo Craig Martell, Jefe de IA del Pentágono sobre el Chat GPT durante la conferencia cibernética TechNet, de la Asociación de Electrónica y Comunicaciones de las Fuerzas Armadas de Estados Unidos en Baltimore ayer 3 de Mayo 2023.

"Aquí está mi mayor temor sobre ChatGPT: ha sido entrenado para expresarse con fluidez. Habla con fluidez y autoridad. Así que te lo crees incluso cuando está mal. Y eso significa que es una herramienta perfecta para la desinformación", explicó Martell.

Martell planteó sus preocupaciones acerca de ChatGPT. Hay que recordar que ChatGPT es sólo un producto con IA, pero que ya nos pone a pensar sobre los peligros de los avances de la IA.

El temor inmediato que sienten muchos, es acerca de la IA como herramienta para la desinformación o Fake News.

Con las herramientas de IA que existen actualmente en el mercado para el público masivo, se puede crear muy fácilmente un video de cualquier líder político, religioso, militar o empresarial, diciendo algo que nunca ha dicho, con su voz y su imagen.
Es sólo un ejemplo que podría crear un caos.

DESEMPLEO, DESIGUALDAD Y EXCLUSIÓN SOCIAL

SOBRE EL DESEMPLEO

En occidente la mayoría de los robots no tienen forma humana, pero igualmente nos quitarán una gran cantidad de empleos. No es un mito, es una realidad que ya está sucediendo y a medida que avancemos se hará más visible.

Es uno de los primeros retos que tendremos que afrontar, la IA suplantará más de 300 millones de puestos de trabajo en el transcurso de esta década, según un estudio publicado en los medios que hizo Goldman Sachs (Uno de los grupos de banca de inversión y de valores más grande del mundo).

He hablado con algunas personas acerca esos pronósticos, algunas los ponen en duda y comparan la Revolución Industrial con la Inteligencia Artificial, asegurando que con la Revolución Industrial existieron los mismos temores.

La realidad es que son panoramas muy distintos.

En primer lugar, la Revolución Industrial se caracterizó por la automatización de procesos de fabricación que antes se realizaban manualmente, zapatos, textil, herramientas, etc.

La inteligencia artificial, en cambio, tiene el potencial de automatizar no solo tareas manuales sino también tareas cognitivas, como los servicios, el análisis de datos y la toma de decisiones.

En segundo lugar, la Revolución Industrial generó una gran cantidad de empleos en la industria manufacturera, lo que compensó en gran medida la pérdida de empleos en la agricultura y otros sectores. En cambio, la inteligencia artificial puede afectar a una amplia gama de industrias y ocupaciones, lo que hace que sea más difícil predecir dónde se crearán los nuevos empleos.

En tercer lugar, la velocidad y la escala de la adopción de la inteligencia artificial son mucho mayores que las de la Revolución Industrial. La automatización impulsada por la IA se está implementando muy rápidamente en una amplia gama de industrias y ocupaciones, lo que significa que la pérdida de empleos será mucho más significativa y veloz que en el pasado.

Escala y velocidad de la transformación: Mientras la Revolución Industrial fue un proceso gradual que se desarrolló a lo largo de varias décadas, la llegada de la inteligencia artificial está ocurriendo a una escala y velocidad sin precedentes. La automatización y la robotización impulsadas por la IA están transformando en un período muy corto de tiempo múltiples sectores y ocupaciones.

En cuarto lugar, las desigualdades económicas y sociales: A pesar de que la Revolución Industrial llevó a un aumento en la productividad y a mejoras económicas a largo plazo, también resultó en desigualdades económicas y sociales, especialmente en la distribución de la riqueza y el poder político. La llegada de la inteligencia artificial también tendrá consecuencias económicas, sociales y políticas significativas, y es importante considerar cómo se distribuirán los beneficios y las desventajas.

En quinto lugar, la ética y seguridad: La IA plantea desafíos éticos y de seguridad significativos que no se enfrentaron durante la Revolución Industrial. La privacidad de los datos, la transparencia en el uso de algoritmos y la responsabilidad en la toma de decisiones automatizadas, entre otros aspectos.

Por último, el aumento de la brecha digital existente entre aquellos que tienen acceso a la tecnología y aquellos que no lo tienen. Esto resultará en un aumento meteórico de la desigualdad social y económica.
Otros aspectos son los sesgos en la información, desinformación, discriminación, retroceso de los derechos civiles y riesgo de pérdida de democracia.

Además del estudio que hizo Goldman Sachs sobre el desempleo, existen otros.

McKinsey Global Institute (MGI), que cuenta con la participación de expertos del departamento de Economía de Oxford y el Banco Mundial, y dió a conocer cifras más alarmantes, entre 400 y 800 millones de personas serán desplazadas de sus puestos de trabajo en 2030.

Y cerca de 375 millones no encontrarán un nuevo trabajo debido a la falta de conocimientos y preparación, es decir, 14% de la fuerza laboral mundial.

Otro informe de la Organización para la Cooperación y el Desarrollo Económicos (OCDE) estimó que el 14% de los empleos en los países miembros de la OCDE podrían ser automatizados en el futuro cercano.

Un informe de la Organización Internacional del Trabajo (OIT) publicado en 2020, estima que el 14% de los trabajadores a nivel mundial corren el riesgo de perder sus empleos debido a la automatización en los próximos años.

Un estudio del Foro Económico Mundial publicado en 2020, pronostica que la automatización eliminará 85 millones de empleos en todo el mundo antes del año 2025.

El Banco Interamericano de Desarrollo por otro lado, en un estudio publicado en 2021, estima que la automatización podría eliminar entre el 7% y el 27% de los empleos en América Latina y el Caribe en las próximas décadas.

Todas son cifras alarmantes y aunque reitero que no es mi intención alarmar, tengo que decir que ese futuro ya está sucediendo. No es un futuro lejano, ya estamos viendo las altas tazas de desempleo y cada día se agudizarán con la entrada de la IA y nuevas tecnologías.

En el año 2022 la taza de desempleo en Estados Unidos era de 3,6%, en Reino Unido 4,1%, Francia 8,4%, España 13,3%.
No seguiré mencionando países, solo a modo de ilustración me hago la pregunta; ¿qué pasará cuando se agregue otro 14% a esos índices?
Será un montón de personas desempleadas. ¿De qué vivirán, con qué comerán?

Aún nadie tiene respuestas y pienso que el desempleo y sus consecuencias serán los desafíos más importantes que bebemos enfrentar con la llegada e implementación de la IA.

¿Qué dice Microsoft?

Hace unos días, en un evento del Foro Económico Mundial, Michael Schwarz, economista jefe de Microsoft, afirmó que la atención sobre el uso de la IA debería estar enfocada en que puede ser utilizada "por malos actores para causar daños".
"Estoy bastante seguro de que, sí, la IA será utilizada por agentes malintencionados. Y sí, causará daños reales. Y sí, tenemos que ser muy cuidadosos y estar muy atentos para evitarlo por todos los medios posibles"

El economista también calificó de "paranoicos" a quienes les preocupa más que la IA "se lleve sus puestos de trabajo". "Antes de que la IA les arrebate sus empleos, sin duda podría hacer mucho daño en manos de 'spammers' o gente que quiera manipular las elecciones"

Obviamente, Schwarz es el economista jefe de Microsoft, su papel no es proteger mis intereses ni los intereses de la sociedad, parte de su trabajo es ayudar a que Microsoft gane más dinero.
Además de que le estaba hablando a un público específico (Foro Económico Mundial) al que probablemente les preocupan más los spam y las elecciones a que millones de personas pierdan su empleo.
Es cuestión de intereses, quizás para él, para Microsoft y otros, el 14% de la población que se quedarán posiblemente en la calle, es sólo un pequeño daño colateral sin la menor importancia. Lo digo con sarcasmo.

Es muy poco probable que una turba de gente desesperada, se dirija a Microsoft, Google o Meta a protestar o romper cristales porque no tienen qué comer. La historia nos dice que saquean tiendas de alimentos pequeños, de electrodomésticos o hacen huelgas frente a oficinas gubernamentales.

Aunque las grandes tecnológicas deberían preocuparse por esas cosas, la realidad es que las consecuencias y responsabilidades recaen sobre los gobiernos.

Los gobiernos están compuestos en su mayoría por políticos, los políticos llegan a posiciones importantes, generalmente, gracias a las contribuciones y financiación de las grandes compañías. Esto sucede así en casi todas las democracias, es un hecho.

En Estados Unidos, el país más poderoso del mundo, nadie sabe muy bien dónde están los límites entre el gobierno y las corporaciones. Gobierno y corporaciones están casi fusionados. Particularmente no tengo muy claro quién regula a quien.

No es una crítica al capitalismo, aunque podría serlo. Es una realidad, para bien o para mal, así funciona el mundo.

China comunista no funciona muy distinto, peor aún, la fusión de las tecnológicas con el gobierno creo que ni se discute, y en vez de las empresas patrocinar candidatos políticos, los políticos patrocinan, crean y manejan a las empresas.

Para fines prácticos y a lo relativo al tema que estamos tratando, tanto en Estados Unidos, en China o cualquier país del mundo, un pequeño grupo de la población dirige a toda la población y dirige los destinos de sus pueblos, incluido el desarrollo de la tecnología y la IA.

DESIGUALDAD Y EXCLUSIÓN

El desempleo crea más y mayores desigualdades, tanto económicas como culturales, también crea más exclusión social.
La desigualdad y la exclusión generan inseguridad, crímenes y violencia en las sociedades, lo que genera otros problemas.

Son panoramas que podrían solucionarse si se quiere. Hay que resolver el problema de la brecha digital que ya existe entre los que son capaces de manejar las diferentes tecnologías y los que son analfabetos digitales, de los que tienen acceso a una computadora e internet y los que no.

CONCLUSIONES

Confiar en que todos los involucrados en dirigir la orquesta actuarán para beneficio de toda la sociedad es casi una cuestión de fé. Y eso depende de cada individuo y sus circunstancias.

Mi opinión está fragmentada. Por un lado sé que los avances tecnológicos, incluida la IA, beneficiarán a la sociedad en su conjunto. Por otro lado, entiendo que afectará gravemente a una gran cantidad de personas, principalmente por el desempleo que podría generar más exclusión, discriminación, hacer retroceder la democracia y aumentar la cantidad de regímenes autoritarios en el mundo.

En el capítulo siguiente trataremos la ética y las regulaciones de la IA.

Capítulo 5

ÉTICA Y REGULACIONES DE LA IA

Acabando de escribir lo anterior, decidí tomar un descanso y tomar un café. La cabeza me seguía dando vueltas en el tema y se me ocurrió entrar a la web de la Casa Blanca, algo que no hago regularmente. Me topé con la sorpresa de que justamente ayer, 4 de Mayo 2023, la vicepresidenta y otros funcionarios de la administración, se reunieron con los directores ejecutivos de las principales empresas de tecnología de Estados Unidos (Alphabet matriz de Google, Anthropic patrocinada en gran medida por Google, Microsoft y OpenAI patrocinada en parte por Microsoft). El fin era analizar las reformas que impulsa el gobierno.

En la reunión, Kamala Harris enfatizó que el sector privado "tiene la responsabilidad ética, moral y legal de garantizar la seguridad de sus productos".

También ayer, el gobierno de Joe Biden anunció una inversión de 140 millones de dólares para promover la investigación y la innovación responsable en el campo de la inteligencia artificial (IA).

Los fondos serán entregados a través de la Fundación Nacional de Ciencias de EE.UU., que financiará la creación de siete nuevos Institutos Nacionales de Investigación y desarrollo de IA.
La idea es impulsar la investigación de IA para la aplicación en áreas estratégicas como la salud pública, la energía, el cambio climático, la agricultura, la educación y la ciberseguridad. Es otro esfuerzo dirigido a reunir a las agencias federales, los desarrolladores del sector privado y la academia para buscar un desarrollo ético, confiable y responsable de la IA que sirva al bien público, anunció la Casa Blanca.

"También forma parte de un amplio y continuo interés para involucrar, además, a organizaciones de derechos civiles, organizaciones sin fines de lucro, comunidades y socios internacionales para proteger los derechos y la seguridad de las personas en lo que respecta a esta tecnología de rápida evolución. La IA es una de las tecnologías más poderosas de nuestro tiempo, pero para aprovechar las oportunidades que presenta, primero debemos mitigar sus riesgos" Afirma el comunicado.

REGULACIONES

Para evitar escenarios apocalípticos que predicen ingenieros, científicos y expertos, algunos de ellos proponen que es necesario regular y crear leyes que principalmente protejan al ser humano.
Aquí surgen un montón de problemas. El primer problema es que los mismos ingenieros, científicos y expertos no saben cómo.

Es casi imposible supervisar y regular a las corporaciones más grandes (Google, Meta, Microsoft y otras). Más difícil aún supervisar y regular las cientos de startups que han surgido para desarrollar IA.
Si se regulan, de todas formas seguirán trabajando en secreto, empezando por los gobiernos de otros países.

Y si algún gobierno logra regular a las empresas, otras empresas y países podrían tomar la delantera.
Si por ejemplo Estados Unidos regula demasiado y detiene el desarrollo de la IA, no es muy probable que lo haga China, Rusia, Irán o incluso cualquier aliado de Estados Unidos.

Y estamos hablando de que la IA será vital en esta misma década y las siguientes para el desarrollo de las tecnologías, medicina, armamento, ingeniería, farmacología, transporte, comunicaciones, finanzas y todas las áreas que podamos imaginar.

Habrá regulaciones claro está, pero serán muy laxas y como todo, es posible que beneficiará a unas pocas empresas, las más poderosa y perjudicará a las pequeñas menos poderosas.
Lo probable es que depende de qué se regule, muchos protagonistas seguirán desarrollando a puertas cerradas o en secreto.

Si por otro lado, los países hacen un tratado sobre la IA como el Tratado de No Proliferación Nuclear de 1968 ¿qué países lo firmarán?.
El mismo Tratado de armas nucleares no lo firmaron India, Pakistán, Israel, Corea del Norte y Sudán del Sur. Todos tienen armas nucleares. Irán que cada cierto tiempo es acusado por occidente de querer producir armas nucleares y a día de hoy nadie sabe a ciencia cierta si lo han hecho o no.
¿Sabemos que Estados Unidos, Rusia, China, Inglaterra y los países firmantes han cumplido sus compromisos al respecto? Es obvio que no podemos saberlo.

Las armas nucleares por lo general y hasta dónde mis conocimientos pueden llegar, necesitan grandes

espacios físicos que pueden ser vistos fácilmente por satélites.
Un laboratorio de IA podría funcionar en un lugar pequeño, casi en cualquier lugar y escondido de los satélites.

Casi se puede equiparar con los piratas informáticos (hackers). Son el mejor ejemplo de que el desarrollo de las IA es imposible de detener o controlar.
Un hacker puede trabajar sólo o formar parte de un grupo, puede trabajar para un gobierno, una empresa o ser un lobo solitario.
Ningún gobierno o compañía ha podido detener a los hackers.

Por último, las leyes van a un ritmo mucho más lento que las tecnologías. Aún los países continúan regulando el internet y las grandes plataformas tecnológicas. Cada día sale algo nuevo, pero no cada día los reguladores, que por lo general son los legisladores, pueden ponerse de acuerdo para aprobar o derogar alguna ley. Pueden pasar meses e incluso años.
En Europa quizás existen más regulaciones que en Estados Unidos, pero es que es difícil regular y atajar todos los efectos secundarios o colaterales de las tecnologías.

ÉTICA

En este caso es lo que asegura que una tecnología sea utilizada para el bien, no para el mal.

La ética va peor de lo que el lector puede suponer. Usted y yo como ciudadanos comunes y corrientes asumimos con bondad e ingenuidad que tanto los gobiernos, los legisladores y las corporaciones actúan para nuestro beneficio.

Otra vez no quiero meterme en juicios de valor ni teorías de conspiración, presentaré los hechos.

La carrera y la competencia por crear y desarrollar IA es feroz. Todos quieren correr a lanzar los mejores productos. Con el lanzamiento y éxito del Chat GPT 4, la competencia se ha vuelto más cruda.

Las principales corporaciones que desarrollan IA en Estados Unidos (Google, Microsoft y Meta) han ido vetando, callando, despidiendo o ignorando a los ingenieros y científicos que trabajan precisamente en la parte ética de la IA.

El caso de Timnit Gebru

Esta mujer ingeniera de Stanford, especializada en IA, Especialista en ética de IA, lideraba la unidad de ética de IA de Google.

Fue despedida en 2020, se dice que por escribir un artículo en el que señalaba algunos sesgos que presentaba la IA y algunos peligros.

Como todo, quizás el público general no sepa realmente qué pasó. Posiblemente ni conozca a la ingeniera y el caso al que me refiero.

Timnit Gebru no era una ingeniera cualquiera, era y es una profesional querida, respetada y reconocida en la comunidad científica tecnológica.

Tanto así que unos 1,500 compañeros y trabajadores de Google protestaron por su despido. También lo hicieron al rededor de 2,000 científicos de todas partes y diferentes ámbitos.

Margaret Mitchel

Fundadora y codirectora de la unidad de ética de IA de Google, que junto con Gebru, había pedido más transparencia y expresaron su preocupación de que Google estuviera empezando a censurar documentos académicos críticos con los productos de la compañía, también fue despedida en 2021.

Le siguieron otros despidos en 2022, como el científico Satrajit Chatterjee que también cuestionó algunos aspectos de la IA de Google.

Otros miembros del equipo dedicado a evaluar el desarrollo responsable de la IA, también fueron despedidos.

Microsoft por su lado, disolvió en enero pasado (2023), todo su equipo de ética y sociedad

Meta por igual, en septiembre del año pasado, desvinculó 20 ingenieros y especialistas encargados de monitorear los derechos civiles y la ética en Facebook e Instagram.

¿Qué está pasando? Yo podría especular, pero considero más conveniente que el lector busque e investigue por sí mismo, si es de su interés.

Lo que queda claro a muchos es que estas compañías, las más desarrolladas en IA, están priorizando las ganancias (el dinero) al bienestar y la seguridad de los consumidores y la sociedad. Tapando, callando y silenciando los errores de sus productos, y a todo aquel que haga una crítica constructiva para mejorarlos por el bien social.
Lo importante es sacar los productos de IA antes que los competidores, los "pequeños detalles importantes", pues no son relevantes y mientras tanto es mejor meterlos debajo de la alfombra.

"La velocidad con la que están siendo abolidos deja los algoritmos de las Big Tech a merced de los imperativos publicitarios, socavando el bienestar de los niños, las personas vulnerables y nuestra democracia".

-Josh Simons- Ex investigador de ética sobre IA de Facebook.

Capítulo 6

COMPETENCIA FEROZ EN LA IA

Para estar un poco más claros sobre la carrera y la competencia en el desarrollo de la inteligencia artificial, es bueno saber cuáles son los principales protagonistas.

En Estados Unidos compiten básicamente dos compañías en el desarrollo de uso masivo de la inteligencia artificial; Alphabet (Matriz de Google) y Microsoft.

Por lo que podemos saber, le siguen detrás IBM, Meta y otros, que no sé hasta qué punto, están asociadas o no con las dos primeras.

Microsoft tiene inversiones en Open AI, compañía que creó el famoso Chat GPT. Y agregará en su buscador (Bing) y en su nuevo paquete de software (de Office) el Chat GPT o la tecnología detrás de este. Por otro lado, está invirtiendo en otras compañías de IA.

Google, que ya está pareciendo lento en la competencia, casi está lanzando "PaLM 2" y "Bard", que son dos productos de IA, uno de ellos para competir con Chat GPT. Y ha anunciado que su nuevo buscador con IA, será lanzado muy pronto.
Al igual que Microsoft, Google planea introducir la IA en todos sus productos que utilizan sus clientes a nivel masivo.
Y Alphabet o Google también tienen inversiones en otras compañías de IA.

MUCHO DINERO

El pasado 8 de Febrero 2023, Alphabet presentó a "Bard" en un video promocional, el chatbot se equivocó y dió una respuesta inexacta acerca de un telescopio. Las acciones en la bolsa de Alphabet cayeron un 7,7% ese día. En dinero eso se tradujo en la eliminación de US$ 100.000 millones de su valor en el mercado.

En el mes de Abril de este mismo año, Samsung Electronics consideró utilizar el buscador de

Microsoft (Bing) en sus productos, en vez de el motor de búsqueda de Google que ha utilizado hasta la fecha. Las acciones esta última compañía cayeron 4%. El contrato que Samsung mantiene con Google para utilizar su motor de búsqueda representa US$ 3,000 millones anuales para la tecnológica.

Las acciones y el valor de las empresas en el mercado suben y bajan dependiendo de sus desempeños y otros factores.

Los dos ejemplos que he mencionado es para que tengamos una idea de la cantidad de dinero que pierde o gana una compañía de estas en la competencia que se está llevando a cabo.
Esto en gran medida ayuda en teoría, a que el mercado, nosotros los consumidores, tengamos a la larga, mejores productos de IA.

El camino es muy delicado, pequeños errores de cualquiera de estas dos compañías o el desempeño de sus productos basados en IA, podría definir cuál se queda con la mayor cuota del mercado.
El motor de búsqueda de Google ha dominado hasta ahora y por décadas el mercado con una cuota superior al 80%, moviendo al año US$ 168,000 millones.
Pero si no se apura en la introducción de sus productos de IA, Bing podría quitarle gran parte del pastel.

COMPETENCIA A NIVEL INTERNACIONAL

No hay dudas de que Microsoft y Alphabet son y serán los líderes en occidente. Pero el principal competidor a nivel global de la IA es China.
Para China el desarrollo de la IA es un asunto de estado, ha incluido la IA en su ambicioso plan Made in China 2025, el cual pretende coincidir su poderío económico con el tecnológico.

China posee un número enorme de patentes relacionadas con IA. Los académicos chinos han publicado más investigaciones que todos los académicos de todos los países de la Unión Europea juntos. También está invirtiendo en una gran cantidad de dinero en startups de IA de Estados Unidos y de Europa.

En Marzo pasado la compañía china Baidu (la versión del buscador chino de Google, por describirla de alguna manera), lanzó Ernie Bot, que pretende competir con ChatGPT.

La percepción positiva hacia la inteligencia artificial de los ciudadanos chinos y el alto nivel de adopción de la Inteligencia Artificial en China hace la diferencia con otras naciones. China tiene las ventajas de una enorme reserva de datos y un alto nivel de adopción de la tecnología.

El principal problema y desafió para el desarrollo de la IA de uso masivo (público general) en China, es la censura del gobierno Chino, que tiene un bloqueo del internet de occidente y censura lo que no le conviene.

CENSURA, MANIPULACIÓN Y SESGO

Algunos de los sinónimos de "censurar" son: tachar, suprimir, borrar, desaprobar, reprobar.

Algunos sinónimos de "manipular": adulterar, amañar, manejar, dictar, imponer, decidir.

Algunos sinónimos de "Sesgar": torcer, desviar, inclinar, ladear.

Aunque a simple vista son palabras distintas, la realidad es que en la práctica funcionan igual.

Pondré algunos ejemplos para entender mejor:

UNA CRÍTICA A FACEBOOK

Tim Cook, Director Ejecutivo de Apple (CEO), durante una conferencia europea; Computers, Privacy & Data

Protección (CPDP - Ordenadores, privacidad & protección de datos) en Enero de 2021, criticó el modelo de negocio en internet basado en la tasa de interacción y no en la privacidad, una alusión directa a Facebook.

"Actualmente en internet abundan la desinformación y las teorías conspirativas impulsadas por algoritmos". Y cuestionó las consecuencias de darles protagonismo "solo porque aumentan la tasa de interacción"

En palabras más sencillas, los algoritmos de Facebook nos muestran una gran cantidad de contenido (noticias, videos, opiniones, etc.) violentos o que incita a la violencia, contenidos de teorías conspirativas y noticias falsas, por la sencilla razón de que llama más la atención de la gente, lo ven más que otros contenidos, por tanto se mantienen más tiempo en la plataforma y Facebook puede vender más anuncios en función de la cantidad de personas y el tiempo que duran en la aplicación.
Básicamente es como la prensa amarillista. Es sesgo y es manipulación.

"Ya es hora —dijo Cook— de dejar de fingir que todo esto no tiene un precio en términos de polarización, de pérdida de confianza y, sí, de violencia".

Por otro lado, tanto Facebook como las demás redes sociales, tienen equipos de personas y algoritmos que directamente censuran un montón de contenidos. Hay mucho contenido que probablemente la mayor parte de la sociedad está de acuerdo en que no aparezcan en las redes, pero hay otros contenidos, ideológicos, políticos o culturales, que las redes sociales se reservan el derecho de censurar y bloquear, basados en sus intereses, específicamente en los intereses de sus accionistas y el gobierno de Estados Unidos, más que en el interés social.

Si a Facebook no le gusta algún contenido que yo ponga me censurará, lo bloqueará. En el mejor de los casos, sus algoritmos no mostrará mi contenido a otras personas. Lo mismo con Twitter y las demás redes sociales.

Lo hace conmigo, contigo, con cualquiera y hasta ha pasado con mucha gente famosa y líderes sociales o políticos.

Lo peor de todo es que las políticas de censura en las redes sociales aunque parece que están claras, no están del todo claras.

Sucede en todos los medios de comunicación ¿quiénes deciden qué es "fake news" o que no?

La misma censura, sesgo y manipulación de los medios tradicionales, se trasladó a internet, las redes sociales y está pasando a la IA.

"Las redes sociales no tienen derecho a implantar un régimen de censura a la libertad de expresión. Vemos con preocupación el desarrollo de las redes sociales, que ya están afectado a la vida privada y al derecho a la intimidad, y creemos que una autoridad independiente debería regularlas para lograr el delicado equilibrio de evitar que se restrinjan libertades de los individuos y se difundan noticias falsas", asegura Juan Caño, presidente de la Asociación de la Prensa de Madrid (APM) en un artículo del periódico elEconomista del 19 de Enero 2021.

A pesar de que el internet y las redes sociales ya tienen años entre nosotros, las regulaciones son difíciles, incompletas, o muy estrictas. No hay una regulación con los mismos estándares para todos los países. Todo depende y no debería depender de las plataformas, sino de las leyes y regulaciones claras, definidas y justas.

A la IA le espera lo mismo, pasarán los años y aún no tendremos regulaciones adecuadas.

ARMAS DE DESTRUCCIÓN MASIVAS

¿Dónde están las armas de destrucción masivas de Irak?

En aquel entonces nos dijeron los políticos y los medios en general que la invasión sería para encontrar y eliminar armas de destrucción masiva. Fue una mentira y una falsedad, pero además hubo un sesgo masivo en la información, que resultó en censura.

En vez de decirnos que querían apoderarse del petróleo iraquí y mejorar la situación geopolítica de Estados Unidos en la región, torcieron y desviaron los hechos.

Además del sesgo regional, por llamarlo de alguna manera. Vimos el punto de vista de los políticos de occidente, pero no vimos las noticias hechas en Irak, tampoco la opinión ni puntos de vista de Saddam Hussein, es normal, pero ya de entrada existía ese sesgo.

No discuto si Saddam era o no un dictador, la razón de la invasión no fue esa. Estados Unidos tiene y ha tenido muy buenas relaciones con grandes dictadores.

ARMAS PARA LA PAZ

Está pasando actualmente con la invasión de Ucrania. Facebook te permite decir que matemos rusos, pero no ucranianos.

Yo no quiero que maten a nadie.

Si miras cualquier periódico occidental leerás una cosa muy diferente a si lees un periódico ruso o chino. Todas las partes están sesgadas. Dicen la información que les conviene y omiten o suprimen la que no.

No estoy de acuerdo con la invasión en absoluto, pero ¿qué estamos viendo en los medios y las redes sociales?

Estamos viendo, que en vez de tratar y utilizar todos los medios diplomáticos para llegar a un acuerdo entre las partes, nos están diciendo aquí en occidente, que están enviando millones de dólares (de nuestros impuestos) en armas a Ucrania para defender los derechos y las libertades del pueblo ucraniano y como defensa a nuestros mismos valores.

El pueblo ucraniano en realidad les importa muy poco a los políticos de Estados Unidos y la Unión Europea.
De sentido común es echar agua a un fuego, no combustible.
Al final los países fabricantes de armas de occidente están haciendo muchísimo dinero, ya Estados Unidos casi domina el mercado de los combustibles en Europa, que antes dominaba Rusia, y Ucrania tendrá que pagar las próximas décadas o lo que resta del

siglo, toda esa "ayuda" y esos préstamos. Porque todo es prestado, nada es un regalo.

Lo peor de todo es que está muriendo mucha gente y seguirán muriendo más.

Hay sesgo, censura y manipulación de la información.

SÓLO CANCIONES

Existen miles de ejemplos de censura y sesgo, para volver a la IA pondré sólo dos más.

Le pedí a ChatGPT que escribiera una canción sobre Joe Biden, luego que escribiera otra sobre Donald Trump, copiaré aquí ambas canciones. Antes debo aclarar que ni me gusta Biden, ni me gusta Trump. Yo simpatizaba con el Partido Demócrata, pero el gobierno de Joe Biden me ha decepcionado grandemente.

Trump nunca me gustó y aún así me sorprendió la diferencia entre las dos canciones.

ChatGPT: Por supuesto! Aquí te dejo una canción sobre Joe Biden:

Verso 1:
Joe Biden, un hombre de experiencia
Con una larga trayectoria en la política y la justicia
Fue elegido presidente con un mensaje de esperanza
Y su legado será recordado por su empatía y su confianza

Coro:
Biden, Biden, líder de la unidad
Biden, Biden, símbolo de la diversidad
Tu mandato es una luz en un tiempo oscuro
Y tu legado será recordado por la luz y el futuro

Verso 2:
Con su visión inclusiva y su corazón cálido
Biden ha luchado por los derechos de todas las minorías
Ha trabajado incansablemente para unir a una nación dividida
Y su liderazgo ha sido un faro en una noche de tormenta

Verso 3:
Biden ha enfrentado grandes desafíos
Desde la pandemia hasta la crisis climática
Ha trabajado con determinación y sin descanso
Y su liderazgo ha demostrado que hay esperanza

Verso 4:
A medida que avanza su mandato
Biden sigue trabajando para unirnos a todos
Para crear un futuro más justo y humano
Y su legado será una inspiración para todos

ChatGPT: Por supuesto, aquí te dejo una canción sobre Donald Trump:

Verso 1:
Donald Trump, un hombre de poder
Con su dinero y su fama, supo cómo vencer
Prometió hacer a América grande otra vez
Pero su legado es uno de división y de desdén

Coro:
Trump, Trump, presidente polémico
Trump, Trump, símbolo del populismo
Tu mandato fue una montaña rusa
Y tu legado será recordado por la confusa

Verso 2:
Con su retórica inflamatoria y su ego inflado
Trump sembró el odio y el miedo por todo el estado
Sus políticas excluyentes y sus acciones erráticas
Causaron daño a muchos y erosionaron la
democracia

Verso 3:
Aunque su mandato llegó a su fin
Su influencia sigue siendo un reto para el bien
Su legado es uno de división y de caos
Que solo nos recuerda lo lejos que todavía estamos

Verso 4:
Es hora de dejar atrás el pasado
Y trabajar juntos para un futuro mejor y unido

Aprendamos de los errores de aquellos que nos lideran
Y avancemos hacia un futuro más justo y humano

¿Qué diría un seguidor de Donald Trump con esta canción que le creó el ChatGPT?
Yo estoy de acuerdo con que Trump hizo y es todas esas cosas, en lo que no estoy de acuerdo es en la canción sobre Biden. Nos está llevando a una posible guerra nuclear y ha incentivando el aumento en los presupuestos de defensa de casi todos los países del mundo.

La idea de crear una canción la copié de una persona que puso un hilo en Twitter, no conozco a la persona, un amigo me envió el hilo de Twitter porque sabe que estoy escribiendo este libro.
Esa persona en Twitter @Edisson_hilos, compartió una canción que le pidió a ChatGPT sobre Obama muy bonita y compartió la negativa de ChatGPT de hacer una canción sobre Fidel Castro.
El ChatGPT explicó muy decentemente que no podía hacer canciones de contenido político o personajes históricos controvertidos cuando le pidió la de Castro.

Antes de escribir el ejemplo de Biden y Trump, le dije a Chat GPT que escribiera una canción sobre Fidel Castro, para comprobar por mi mismo el sesgo político y para mi sorpresa, sí me hizo una canción muy bonita sobre Fidel Castro. Es decir Open AI, al parecer también vió la queja de la persona que escribió el Twit y corrigieron ese sesgo. Me parece bien.

Entonces le pedí las canciones de Biden y Trump. Para mi sorpresa, también está sesgada. Para ChatGPT, Biden es casi un Cristo y Trump casi un demonio.

BUSCANDO EN GOOGLE

Por otro lado, cuando haces una búsqueda en Google de algún producto o servicio, te aparecerán primero las compañías que pagan más para que sus productos o servicios aparezcan en los primeros resultados. En detrimento de compañías quizás más pequeñas, que aunque quizás tienen mejores y más baratos productos o servicios, no pueden pagar a Google.

Eso se entiende, Google no es una institución de beneficencia, es una compañía con fines de lucro, y la venta de publicidad es uno de sus principales medios de ingreso.

Vivimos en países capitalistas y entendemos que es así, pero no deja de ser un sesgo y una manipulación.

CONCLUSIONES

Mi punto es que, aunque criticamos a China, y con razón, de este lado también censuramos, manipulamos y sesgamos mucho más de lo que

creemos. Por suerte, pocas personas en la mayoría de países occidentales o democráticos van a la cárcel por romper la censura, el sesgo o denunciar la manipulación.
Quizás sólo unos pocos como Julián Assange, Edward Snowden y algunos otros.

Por el momento la Inteligencia Artificial es como un niño, lo que le enseñes, eso aprenderá.

Quizás por eso, casi todos los líderes y responsables de los departamentos de ética de la IA en las principales tecnológicas de Estados Unidos fueron "sesgados o censurados". A fin de cuentas, ellos se supone eran los responsables de que las IA aprendieran a ser buenos niños o niñas.
La competencia feroz probablemente será la responsable de enviar a esos IA niños ya adultos a la calle, y sus padres tratarán de corregirlos en el camino. O no.

Capítulo 7

UNA MIRADA A TODAS LAS PARTES

LAS SÚPER MÁQUINAS

Con la IA se pretende crear y desarrollar el cerebro o la inteligencia de "las máquinas".
Ya vimos que la intención y el propósito son; que sea lo más parecido al humano y luego mejorarlo hasta que ese cerebro o inteligencia pueda superarse por sí misma y evolucionar.

La visión de los expertos es que esa inteligencia nos superará no cien veces, sino miles de veces con el pasar del tiempo..
En el transcurso de esos avances se espera que ocurra la "Singularidad".

Para poder explicar y entender el concepto de "Singularidad" tenemos primero que poner la mirada aunque sea breve, en algunos avances en otras áreas de la ciencia, entender e incorporar algunas palabras y conceptos.

Al final meteremos todo en una licuadora y obtendremos la "Singularidad"

EXPONENCIAL

Supongo que este concepto matemático lo entiende la mayoría. Lo agrego aquí porque es vital para entender el proceso ultra acelerado que se produce en el avance tecnológico y especialmente con la IA, que hace que un fenómeno se produzca cada vez con mayor rapidez.

Trataré de explicarlo con una célula.

Supongamos que una célula se duplica por 10 cada hora.

Una sola célula en la primera hora se convertirá en 10 células.

Tendremos 11 células que su vez se convertirán en 110 en la segunda hora. En la tercera hora habrán 1,100. Después de cuatro horas 11,000 y 110,000 en cinco horas. Así sucesivamente.

De esa manera se producen los avances de la tecnología, que se acelerarán cada día con más velocidad. De la misma forma, el aprendizaje de una IA, en consecuencia, el conocimiento exponencial resulta casi infinito y cada vez más rápido.

BIG DATA

Es el término que se utiliza para describir un volumen inmenso de datos. Pueden estar clasificados en orden estructurado o no.

Pueden ser conjuntos de datos complejos, conjuntos de datos combinados o individuales.

Las compañías pueden tener bases de datos enormes, y para eso se necesitan computadoras y tecnologías poderosas.

Un ejemplo práctico es por ejemplo la enorme cantidad de datos que recoge y posee Facebook de todos nosotros. Datos que proporcionamos nosotros mismos.

Nombre, edad, fecha de nacimiento, email, teléfono, lugar de nacimiento, lugar de residencia, fotografías, quienes son nuestros amigos y familiares, lugares que visitamos, restaurantes donde comemos, la compañía donde trabajamos, etc.

También datos más complejos como cuántas veces entramos a Facebook, a que horas, el tiempo que pasamos en la plataforma, a qué fotos, comentarios y contenidos le damos "me gusta", en cuáles opinamos y lo que opinamos, y un gran etc.

Hasta dónde sabemos y nos han informado al público, esos datos son clasificados, combinados e interpretados, con el fin de crear perfiles incluso a nivel psicológico.

En teoría estos datos son utilizados para presentarte en tu Facebook contenidos parecidos a los que generalmente te gusta ver.

También Facebook los utiliza para hacer publicidad o que compañías y organizaciones hagan publicidad a grupos determinados y específicos.

Un ejemplo elemental, si eres hombre difícilmente verás una publicidad en tu Facebook de toallas sanitarias.

El big data es utilizado por las compañías para tomar diferentes tipos de decisiones; económicas, culturales, políticas, financieras, etc.

FÍSICA CUÁNTICA

La física cuántica es la rama de la ciencia que estudia el mundo a escala muy pequeña, a nivel microscópico, desde los átomos hasta los protones y neutrones.

COMPUTADORA CUÁNTICA

Se están desarrollando desde hace unos años y existen algunas. Se espera que su desarrollo nos lleve a niveles superiores en la tecnología. Pueden hacer cálculos y manejar datos que son imposibles de realizar en una computadora convencional. Hacen ese trabajo en segundos y son capaces de realizar tareas muy complejas simultáneas.

NANOTECNOLOGÍA

Es la ciencia que interviene y utiliza la materia a una escala nanométrica para trabajar, transformar y manipular átomos y moléculas.

El fin es crear nuevas estructuras, materiales, artefactos y tecnología realmente pequeños. Estamos hablando de tecnologías del tamaño de un grano de arroz e inferiores.

La nanotecnología afectará y ayudará en un gran número ciencias como la medicina, ingeniería, computación, química, entre otras.

BIOTECNOLOGÍA

Es una rama de la biología que desarrolla y aplica tecnología hecha, combinada o derivada de sistemas y organismos biológicos y/o sus derivados.

Combina materiales orgánicos e inorgánicos que se utilizan en la medicina, farmacología, agricultura, ganadería y otras áreas e industrias.

NANOBIOTECNOLOGÍA

Es la combinación de las dos anteriores (nanotecnología y biotecnología).

Para explicarlo de forma sencilla, ya podemos hacer máquinas y aparatos del tamaño de un grano de azúcar, que introducidas en el cuerpo reparan o alteran células en nuestro organismo. Nuestro cuerpo no las rechaza porque están hechas a partir de células, tejidos o materia orgánica.

NEUROTECNOLOGÍA

Crea y desarrolla herramientas para analizar, manipular y/o influir en el sistema nervioso y el cerebro.

Aparatos para medir y analizar la actividad cerebral, hacer diagnósticos, tecnología para conectar el cerebro con sistemas electrónicos, simuladores de modelos neuronales, computadoras biológicas, etc.

GENÉTICA

Es la rama de la biología que estudia cómo se transmiten los caracteres hereditarios de generación en generación mediante el ADN.

INGENIERÍA GENÉTICA

Se especializa en manipular y transferir ADN de un organismo a otro para cambiar determinadas propiedades genéticas.

El primer ejemplo público de la aplicación de la ingeniería genética fue la clonación de la oveja Dolly en Edimburgo, Escocía en el año 1996.
Aunque la oveja Dolly vivió sólo un poco más de la mitad que una oveja de su especie suele vivir, fue un hito en la historia.
Se dice que su muerte prematura fue por un cancer de pulmón y porque fue clonada a partir de células de una oveja vieja.
A partir de entonces la ingeniería genética a avanzado un montón, superando paradigmas impensables.

ROBÓTICA

Es la ciencia que aglutina varias disciplinas de la tecnología con el fin de diseñar máquinas programadas para realizar tareas de forma automática o simular el comportamiento humano o animal.

SINGULARIDAD TECNOLÓGICA

Tomamos una licuadora, metemos allí una inteligencia artificial y agregamos muchos de los ingredientes y avances de las disciplinas anteriores. El resultado es la Singularidad, donde todo converge.

Se habla de que la Singularidad Tecnológica ocurrirá cuando las computadoras y robots con inteligencia sean capaces de crear por sí mismos otras computadoras y robots superiores a ellos mismos. La repetición del ciclo, robots creando robots superiores a ellos mismos, dará lugar a un escenario fuera de nuestro control, a una explosión de inteligencia.
Máquinas inteligentes creando máquinas cada vez más inteligentes, muy superiores a la inteligencia y capacidad humanas.

De ahí se desprenden todos los temores y la mayoría de las predicciones del fin de la humanidad.

Si las máquinas se vuelven más inteligentes que nosotros, llegarán por ellas mismas a algunas conclusiones acerca de los seres humanos;

-       Dañamos el medio ambiente, somos depredadores de los recursos naturales, por ende, el planeta.

-       Esclavizamos a todas las especies inferiores, e incluso a individuos de nuestra misma especie.

-       Consumimos una gran cantidad de energía.

-       Y podríamos poner en peligro la supervivencia de las mismas máquinas.

En conclusión, no necesitarán a la humanidad y nos eliminarán.

Obviamente, esas predicciones están basadas en nuestra propia humanidad, en nuestra experiencia como humanos, pero no podemos saber cómo pensará y actuará una inteligencia muy superior a la nuestra.

Como nadie sabe cómo actuarán, nadie sabe qué harán, por lo tanto, no sabemos si realmente necesitarán consciencia, creatividad y sentimientos para eliminar a la raza humana.

Singularidad en definitiva, es el próximo paso evolutivo, el nacimiento de una nueva especie, LAS SUPERMAQUINAS.

ADVERTENCIAS

Geoffrey Hinton renuncia a Google para advertir de los peligros de la IA.

The New York Times, CNN y otros medios reportaron ayer lunes 1 de Mayo del 2023, que el científico Geoffrey Hinton, pionero en redes neuronales, que trabajó más de una década en Google desarrollando la IA del gigante tecnológico, confirmó que dejó su puesto en la compañía para "alertar de los peligros" de la tecnología que él mismo ayudó a desarrollar.

"La idea de que estas cosas pudieran llegar a ser más inteligentes que las personas, unos pocos lo creían. Pero la mayoría pensaba que no era así. Y yo también. Pensaba que faltaban de 30 a 50 años o incluso más. Obviamente, ya no pienso eso".
Dijo Hinton a The New York Times, agregando:

"Esto sabe cómo programar, así que encontrará formas de eludir las restricciones que le impongamos. Encontrará formas de manipular a las personas para que hagan lo que quiere".

"Me consuelo con la excusa habitual: si yo no lo hubiera hecho, otro lo habría hecho".

Además, en un tuit el mismo día, Hinton escribió: "Me fui para poder hablar sobre los peligros de la IA sin tener en cuenta cómo esto afecta a Google"

Hinton desarrolló en 2012 junto a dos estudiantes de la Universidad de Toronto la tecnología fundacional de los sistemas de inteligencia artificial, usada hoy en día por grandes compañías como OpenAI, Google o Microsoft para crear sus plataformas de inteligencia artificial generativa.

"No sé si los humanos podrán sobrevivir a la IA" Advierte Yuval Noah Harari.

Yuval es historiador, escritor, filósofo y profesor en la Universidad Hebrea de Jerusalén.
Ha escrito; Sapiens: De animales a dioses, Homo Deus: Breve historia del mañana y 21 lecciones para el siglo XXI, entre otros.

En una entrevista para el periódico The Telegraph del 23 de Abril del 2023, también advierte sobre los peligros de las IA actuales:

"Tenemos que entender que la inteligencia artificial es la primera tecnología de la historia que puede tomar decisiones por sí misma. Puede tomar decisiones sobre su propio uso"

"El poder se está desplazando por primera vez en la historia. Inventamos algo que nos quita el poder. Y está pasando tan rápido que la mayoría de la gente ni siquiera entiende lo que está pasando. Necesitamos asegurarnos de que la IA tome buenas decisiones sobre nuestras vidas".

Capítulo 8

LA SINGULARIDAD SEGÚN LOS EXPERTOS

Rodney Brooks
Fundador de iRobot y cofundador de Rethink Robotics, ha sugerido que la singularidad no es un evento único y dramático, sino más bien un proceso gradual que se desarrolla a lo largo del tiempo.

Jürgen Schmidhuber
Trabaja en el laboratorio de IA suizo Idsia. Es conocido por sus contribuciones a la inteligencia artificial y la exploración de los posibles escenarios de la singularidad y la evolución humana. En su opinión, la singularidad es un resultado inevitable del avance de la inteligencia artificial y la evolución humana.
En palabras Schmidhuber:
"El siguiente punto es Omega, lo que algunos llaman 'singularidad', que es el punto en el que todo converge.
La singularidad podría ocurrir en cualquier momento entre 2025 y 2050, cuando algo nuevo, radical e increíble podría ocurrir".

Raymond (Ray) Kurzweil

Es inventor estadounidense, músico, empresario, escritor y científico especializado en Ciencias de la Computación e Inteligencia Artificial. Desde 2012 es director de Ingeniería en Google.

Además ha fundado y preside varias compañías de tecnología y IA.

La biografía, pensamientos y aportes de Kurzweil son extensos y es uno de los principales teóricos y protagonistas en el campo de IA.

Ha producido libros, artículos y es uno de los científicos más reconocidos y prolíficos en la actualidad.

Lidera equipos que están trabajando para que la singularidad sea una realidad.

Según él, desde los próximos años hasta el 2045, multiplicaremos nuestra capacidad intelectual por mil millones, lo cual es un cambio profundo que se define como "singularidad".

Vernor Vinge

Matemático y escritor de ciencia ficción, acuñó el término "singularidad tecnológica" en su ensayo de 1993 "La llegada inminente de la singularidad". Vinge predijo que la singularidad podría ocurrir en algún momento entre 2005 y 2030.

Según Vinge: "El problema con la singularidad es que una vez que llega, no hay forma de saber qué sucederá después."

OTROS CIENTÍFICOS:

"La creación de una inteligencia artificial que pueda superar a los humanos probablemente sería el evento más importante en la historia de la humanidad. Desafortunadamente, también podría ser el último." - Stephen Hawking

"El surgimiento de una superinteligencia es el evento más importante de la historia humana. Quizás también es el más peligroso." - Stuart Russell

"La singularidad tecnológica es el punto de no retorno en la historia de la humanidad, cuando las máquinas superan a la inteligencia humana y comienzan a diseñar su propio futuro." - Murray Shanahan

"La singularidad marcará el final de la era humana tal como la conocemos, pero también puede ser el comienzo de algo aún más grande." - Ramez Naam

"La singularidad es un evento de bifurcación en la historia de la humanidad, donde una nueva fase de la evolución comienza." - Eliezer Yudkowsky

"La singularidad no es solo sobre la tecnología, sino también sobre la evolución cultural. Es una transición a un nuevo paradigma que cambiará todo lo que sabemos." - Ben Goertzel

SINGULARIDAD BIOLÓGICA

Ya vimos que la Singularidad puede venir en forma de robots o máquinas, pero resulta que también ya se especula que sucederá una "singularidad biológica" en el ser humano o la combinación de ambos; hombre-máquina.

La singularidad tecnológica y la singularidad biológica son conceptos que se refieren a posibles eventos futuros, no tan lejanos, en los que se producen avances significativos en la tecnología y la biología, respectivamente, que podrían tener un impacto profundo en la humanidad. Hay diferencias, entre las más importantes están:

1. Naturaleza de la transformación:
La singularidad tecnológica se refiere a un punto en el tiempo en el que la inteligencia artificial y otras tecnologías avanzadas superan las capacidades humanas en una amplia gama de áreas, lo que podría dar lugar a cambios drásticos en la sociedad y la forma en que vivimos. Ese punto podría ser un mes, un año o en el transcurso algunas décadas. Puede

que no sea un evento único, sino más bien progresivo.

Por otro lado, la singularidad biológica se centra en la posibilidad de que los avances biotecnológicos y médicos transformen y mejoren las capacidades biológicas humanas, como la longevidad, el rendimiento cognitivo o la integración de tecnología en nuestros cuerpos.

2. Enfoque principal:

La singularidad tecnológica se centra en el desarrollo y la evolución de la inteligencia artificial y la tecnología de vanguardia, explorando cómo estas pueden superar y trascender las capacidades humanas.

Por otro lado, la singularidad biológica se enfoca en los avances científicos y tecnológicos en el campo de la biología y la medicina, y cómo estos podrían mejorar y transformar nuestra biología y capacidades físicas y cognitivas.

3. Ámbitos de aplicación:

La singularidad tecnológica tiene un alcance más amplio y abarca áreas como la inteligencia artificial, la robótica, la nanotecnología y otras tecnologías emergentes.

Por otro lado, la singularidad biológica se centra específicamente en los avances en la biotecnología, la medicina regenerativa, la mejora genética y otros campos relacionados con la biología humana.

4. Implicaciones éticas y sociales:
Ambas singularidades plantean importantes preguntas éticas y sociales sobre los límites y las consecuencias de los avances tecnológicos y biológicos. Sin embargo, las implicaciones éticas y sociales de la singularidad tecnológica a menudo se centran en temas como el impacto en el empleo, la privacidad, el control de la tecnología y la distribución de poder, mientras que en el caso de la singularidad biológica se centran en cuestiones como la equidad en el acceso a mejoras biológicas, el riesgo de desigualdades y el papel de la naturaleza humana.

5. Velocidad de ambos sucesos:
Mientras que la singularidad tecnológica podría suceder en pocos años y en un breve período de tiempo, la singularidad biológica podría tardar muchos años, en al menos una generación o dos. La biología es mucho más lenta que la tecnología, requiere períodos prolongados. Desde que un bebé nace hasta que se reproduce, y se repita el ciclo, por decirlo de alguna manera.

En resumen, la singularidad tecnológica se refiere a la superación de las capacidades humanas por parte de la inteligencia artificial y la tecnología, mientras que la singularidad biológica se enfoca en la transformación y mejora de las capacidades biológicas humanas mediante avances en la biotecnología, ingeniería genética y la medicina. Aunque comparten ciertos aspectos, tienen enfoques distintos y abordan diferentes dimensiones de la relación entre la humanidad y la tecnología o la biología.

Pero yo creo que las diferencias y división entre ambas singularidades se hará más difusa a medida que avancemos y estarán estrechamente vinculadas. La inteligencia artificial nos ayudará en la investigación para avanzar en la biología, acortando los tiempos y minimizando errores.

EL SUPERHOMBRE

Primero deberemos superar y sobrevivir a la singularidad tecnológica. Luego, con todos los avances se lograrán cambios biológicos significativos en el ser humano.
Eliminando genes que producen enfermedades generacionales, introduciendo y manipulando genes que mejoren el cuerpo, o combinándolos con otras especies y biotecnologías, que finalmente nos convertirán en una especie muy superior a la actual en todos los aspectos.

La imaginación será el límite. Y aunque los cambios en principio se producirán para "corregir", muy pronto pasarán a "mejorar" al ser humano.

Así, los primeros pasos serán para que nuestros futuros hijos no carguen con nuestras enfermedades y deficiencias. Pero ya que estaremos ayudando en el diseño de nuestros bebés ¿por qué no ponerles ojos azules o marrones, por qué no regalarles una complexión alta, fornida o estilizada, un cerebro más veloz con una inteligencia superior?. También podríamos regalarles vista de águila, olfato de perro, un sentido del oído de murciélago, literalmente. Y el menú se irá ampliando.

La cirugía plástica surgió en la guerra con el fin de ayudar a los heridos. Hoy día se realiza principalmente para mejorar la apariencia, es cosmética y comercial. Es prácticamente normal en muchos países que mujeres y hombres se pongan glúteos, mejoren sus senos, boca, nariz, barriga, mentón, etc.

De la misma manera la ingeniería genética se utilizará para fines estéticos y para mejorar las capacidades humanas. Se está trabajando para crear un ser humano superior y así será.

Nick Bostrom, en su libro "Superintelligence: Paths, Dangers, Strategies", explora el impacto de la inteligencia artificial en la singularidad tanto tecnológica como biológica. Plantea la posibilidad de que una superinteligencia artificial supere las capacidades humanas en todos los aspectos, incluida la mejora y manipulación de nuestra biología.

La singularidad biológica es una idea que plantea la posibilidad de que los avances científicos y tecnológicos transformen y superen las capacidades biológicas humanas. Esto podría involucrar mejoras en la longevidad, el rendimiento cognitivo, la integración de tecnología en nuestros cuerpos o incluso la transición a formas de vida no biológicas.

TRANSHUMANISMO

Es la combinación de tecnología y biología. La combinación del hombre y las máquinas, con el mismo fin, mejorar al ser humano.
Es una corriente filosófica que también apuesta por la evolución y mejora de nuestra especie.
Desde un marcapasos, unas piernas robóticas, hasta tecnología que mejoran el cerebro o nos conectarán con máquinas y a internet.

La ingeniería genética, biotecnología y la nanotecnología serán la clave para producir órganos y tejidos biológicos como los que estamos acostumbrados a poseer, pero también altamente mejorados.

Ray Kurzweil, en su libro "The Singularity is Near", propone que la tecnología avanza exponencialmente y que, en algún momento, podría permitir mejoras y modificaciones significativas en el cuerpo humano y sus capacidades. Sugiere que podríamos alcanzar una etapa en la que las personas puedan vivir de manera indefinida y mejorar sus habilidades cognitivas y físicas mediante la integración de tecnología en nuestros cuerpos.

En cualquier caso, ya sea el superhombre modificado genéticamente y mejorado o el transhumano combinado con máquinas, no hay dudas de que será un salto evolutivo, el nacimiento de una especie superior física e intelectualmente.

Hans Moravec, científico e ingeniero robótico reconocido por su trabajo en el campo de la inteligencia artificial y la robótica, ha discutido la idea de transferir la mente humana a sustratos no biológicos, como la inteligencia artificial o la robótica, lo que podría conducir a una singularidad biológica en la que las capacidades biológicas humanas sean trascendidas por formas de vida no biológicas.

En su libro "Mind Children: The Future of Robot and Human Intelligence" (Hijos de la Mente: El Futuro de la Inteligencia de los Robots y los Humanos), publicado en 1988, Moravec exploró la posibilidad de que la inteligencia humana pudiera ser replicada o emulada en máquinas o en última instancia, la mente humana podría transferirse a sustratos no biológicos, permitiendo así la existencia de formas de vida no biológicas con inteligencia y conciencia similares a las humanas.

Si bien las ideas de Moravec han sido objeto de debate y especulación, su trabajo ha influido en el campo de la inteligencia artificial y ha estimulado la reflexión sobre la relación entre la biología y la tecnología en el contexto de la singularidad y la evolución de la inteligencia.

Mucha gente influyente hoy día quiere traspasar el contenido de sus cerebros (pensamientos, experiencias, recuerdos, conciencia, etc.) a las nubes (internet) y alcanzar una especie de inmortalidad.

Refiriéndome a otros, no a Moravec, ni Kurzweil, me parece que el ego los "ilumina", y es sólo mi opinión, cada cual que piense y desee lo que le plazca. Igual si lo logran sucederá con o sin mi consentimiento.
No quiero menospreciar sus inteligencias, pero Adolf Hitler probablemente se consideraba un ser humano ejemplar, buena persona, brillante, incluso con una inteligencia superior.
¿Te imaginas a Hitler metido completamente en internet, rondando por todas partes?
Yo prefiero no imaginarlo y es sólo un ejemplo ilustrativo.

CONCLUSIONES

Yo pienso que si pasamos algunas barreras políticas y económicas, como la guerra actual de Ucrania o la posible confrontación de Estados Unidos y China en unos años, en primer lugar veremos la singularidad tecnológica. Si sobrevivimos a esta, si logramos exitosamente entendernos con las máquinas, sucederá la singularidad biológica.

Tendremos dos "nuevas especies" en el mundo, por decirlo de alguna manera; la supermaquinas y el superhombre.

¿Cómo será esa interacción?
Nadie puede saberlo, supongo que habremos superado la competencia feroz de dinero y poder entre los seres humanos, por tanto entre sus instituciones (compañías, países y estados).
Tiene que superarse esa competencia, de otro modo existen pocas probabilidades de que las supermaquinas y el superhombre convivan en un mismo escenario y tiempo.

Capítulo 9

REVOLUCIÓN Y EVOLUCIÓN

"El desarrollo de una completa inteligencia artificial (IA) podría traducirse en el fin de la raza humana". - Stephen Hawking (Entrevista para BBC, 2 de Diciembre 2014).

Hawking fue un físico teórico, astrofísico, cosmólogo y divulgador científico. Fue uno de los científicos más reconocidos en el mundo.

En la misma entrevista dijo;

"Una versión más elaborada de IA puede decidir rediseñarse por cuenta propia e incluso llegar a un nivel superior".

"Los humanos, que son seres limitados por su lenta evolución biológica, no podrán competir con las máquinas, y serán superados".

Richard Dawkins, biólogo evolutivo, zoólogo, etólogo y divulgador científico británico, también ha opinado acerca de la IA.

"Creo que, a largo plazo, la inteligencia artificial será el mejor y más importante invento que hayamos hecho. Es potencialmente más peligroso que la energía nuclear, pero también puede ser el mejor amigo que hayamos tenido" (Entrevista con Wired UK, 2014)".

"La inteligencia artificial es la próxima gran revolución en la historia humana. Los peligros son obvios, pero las posibilidades de hacer cosas maravillosas también son enormes" (Conversación en vivo en Facebook, 2015)."

"La inteligencia artificial es, por definición, una inteligencia no biológica. Pero eso no significa que sea una inteligencia 'falsa' o 'inferior'. De hecho, la IA puede superar a la inteligencia humana en ciertas tareas y áreas de conocimiento" (Artículo en The Guardian, 2018)".

REVOLUCIÓN ARTIFICIAL Y ERA DE LA SINGULARIDAD

Algunos la llaman Cuarta Revolución industrial, otros Industria 4.0, Era Digital o de la información.

Yo creo que ya todo eso lo pasamos, lo que estamos presenciando cambiará radicalmente, desde la economía hasta al mismo ser humano, pasando por el conocimiento, el pensamiento, la cultura y la sociedad. Es una revolución sin precedentes que aún no entendemos del todo, pero será un salto evolutivo enorme que no requerirá cientos ni miles de años. Podría ser robótica, humana y ambas cosas, pero seremos una especie superior que dejará al Homo sapiens muy atrás.

Revolución Artificial seguida por la Era de la Singularidad.

SER HUMANO

Hasta el momento somos Homo sapiens, la especie "más poderosa e inteligente" del planeta. Hasta el momento.

Con esa inteligencia hemos normalizado la pobreza y también el lujo, normalízanos las guerras, también la paz. Las desigualdades en el mundo entero es la norma. Los países comunistas que aún existen tienen élites y también clases sociales. Tienen mucha desigualdad y también pobreza.

Los países capitalistas con menos pobreza, menos desigualdades son los Nórdicos. Tienen sus problemas, pero han logrado un equilibrio para que sus ciudadanos disfruten las bonanzas, el desarrollo y los beneficios de un capitalismo muy social. Pero son muy pocos.

Quizás tiene que ver con el individualismo que tenemos los americanos (me refiero a todo el continente), sucede similar en Africa y también en parte de Asia.
En Europa también sucede, pero a menor escala pienso yo.

Olvidamos o ignoramos que tener un excelente transporte público es más beneficioso a que cada individuo tenga un excelente automóvil aunque destruyamos el planeta.
Preferimos en muchos casos pagar un buen seguro médico a exigir un sistema de salud de calidad, gratuito y universal. Lo mismo con la educación. Nuestros sistemas educativos no son de calidad, en el peor de los casos ni siquiera existe un sistema educativo. La educación superior es carísima.
La vivienda es un problema sin resolver. Los alquileres cada día son más caros.
En muchos países abundan el hambre y la pobreza.

¿A dónde quiero llegar?

Muy simple ¿Podremos administrar bien la Inteligencia Artificial para beneficio de todos?
No lo veo muy claro. Empezaremos a correr sin haber aprendido a caminar.

Puede que yo sea muy pesimista, pero es que en realidad no lo veo claro.
Que yo no lo vea claro, o que no sea claro realmente, no importa y no implica que no sucederá.

Discriminación, racismo, seres humanos de segunda y tercera categoría.
La revolución empezó y vendrá un empujón evolutivo.

Vi el año pasado (2022), cuando empezó la invasión a Ucrania. La invasión me causó rabia, sentí impotencia y tristeza. Estoy en contra de la violencia y la guerra en cualquiera de sus formas.
Un periodista europeo en televisión anunciaba escandalizado algo así como; "no es justo, los ucranianos son blancos y rubios".
Lo peor es que no fue el único, varios periodistas de distintos países o continentes dijeron cosas similares.
Yo no podía creer que la discriminación, el racismo y clasismo fueran tan atrevidos como para salir en televisión.
Ya lo sabía , pero creo que fue la primera vez que realmente interioricé que los afganos, iraquíes, yemeníes, sirios y africanos en general, no son seres humanos o son seres inferiores. O al menos eso nos quieren hacer creer.

La ética es importante, es necesaria. Los valores morales no pueden ser tan relativos.

«Para mí lo obsceno no es la pornografía, lo obsceno es que la gente se muera de hambre» Decía el escritor José Saramago.
Yo agregaría que la guerra es inmoral y vulgar.

¿Por qué son importantes estos comentarios?

Son importantes porque para las máquinas no habrán razas, ni clases sociales, todos seremos seres inferiores, y es muy probable que ellas decidan nuestro destino.

Como dije, creo que las supermaquinas vendrán primero que el superhombre ya que la biología es mucho más lenta que la tecnología. La combinación de hombre-máquina la veo en el medio y si sobrevivimos a las supermaquinas, vendrá el superhombre.

CONCLUSIONES ESPECULATIVAS

Ya existen brazos y piernas robóticos, corazones artificiales, ojos artificiales capaces de ver mejor que los ojos humanos, existe piel sintética, sentidos artificiales. Redes neuronales...

Existen órganos y tejidos hechos a partir de células humanas impresos en 3D. Hasta dónde sé, también están tratando de crear huesos humanos artificiales. Hace años que se está desarrollando el cerebro y la Inteligencia artificial.
La ingeniería genética está avanzando muchísimo, la robótica está muy avanzada.
Frankenstein está casi listo, le quitaron las cicatrices, los tornillos de las orejas, tiene ropa nueva, más moderna. Está aprendiendo en la escuela, aprendió modales, humanidad, ciencias y tecnología.
Está irreconocible, es un hombre nuevo. Lo mejor de todo; tiene cerebro.

Es una broma, no es Frankenstein, es una nueva especie de ser humano, superior al Homo sapiens que tendrá que recoger el desorden que hicimos nosotros, pero disfrutará de todas las maravillas que le dejaremos.
No se quejará porque sabe que así de simples, humildes, tercos, egoístas y tontos, somos sus padres.

Estoy asumiendo que mañana no caerá un asteroide sobre la tierra, ninguna catástrofe natural o sobrenatural. Estoy siendo optimista pensando que no tendremos una Tercera Guerra Mundial y que las supermaquinas no nos eliminarán.
En gran medida depende de nosotros y nuestros dirigentes.

AGRADECIMIENTOS

Me gustaría agradecer a mi familia y amigos.
A Franklin, mi padre, que nunca ha dejado de luchar
por la igualdad de derechos y oportunidades para
todos los seres humanos. Un ejemplo de
perseverancia, un brazo de apoyo, todo un corazón.
A mi madre Rhyna, que me mostró con sus acciones
cómo es amar. Una mujer tímida, pero libre, dulce,
amante de la vida, de sus amigos y su familia. Se
levantó cien veces, se quitó las lágrimas y siguió
andando con alegría.
A Josefina, mi otra madre que siempre fue un
soporte para mi y para muchos. Otro corazón gigante
que también llenó la casa con grandes amistades.
Que me curó las heridas cuando niño y cuando
grande. Una mujer valiente y cariñosa.
A mi hermano mayor José Frank (Nan), que para mi
siempre sabe de casi todo más que yo y que la
mayoría.
A mi hermana Alejandra (Ale), no sé cómo habría sido
mi vida sin crecer contigo (un poco aburrida quizás).

Mis sobrinos José Frank, Gianmarco y Sebastián, que son como amigos más jóvenes que me enseñan lo que existe en este tiempo, cada uno con su visión.
A Álvaro (Kiki), un tremendo primo y amigo.
Excelente oído y consejos. Un tipo único.
A mis Hermanos que no son de sangre; Valen (El Thriller) y Otto (Ottosteles), dos de las personas más inteligentes, sabias y visionarias que he conocido en la vida, amigos incondicionales. Toqué sus puertas cualquier día, cualquier hora, en cualquier año, me abrieron con comida, cervezas, historias, risas y teorías.
A mis hermanos de la vida; Franz (Payasito Gracía), Valeria, Cesar (Pai), Andrés, Catherine (pipa), Guillermo (Johnny), Oliver, Verónica (Prima), Julissa (La Flaca), Eduardo (Ito) y El Cinco.

Lo sé, soy muy afortunado. Gracias por mostrarme el mundo a la manera de cada uno.